中國學術思想 研究輯刊

十五編

林慶彰 主編

第1冊

《十五編》總目

編輯部 編

《詩經》雅頌中德治思想研究

林佳蓉 著

花木蘭文化出版社

國家圖書館出版品預行編目資料

《詩經》雅頌中德治思想研究／林佳蓉 著 — 初版 — 新北市：
花木蘭文化出版社，2013〔民 102〕
序 2+ 目 2+116 面；19×26 公分
（中國學術思想研究輯刊 十五編：第 1 冊）
ISBN：978-986-322-107-4（精裝）
1. 詩經　2. 研究考訂
030.8　　　　　　　　　　　　　　　　　102001940

ISBN-978-986-322-107-4

中國學術思想研究輯刊
十五編　第 一 冊　　　　　　ISBN：978-986-322-107-4

《詩經》雅頌中德治思想研究

作　　者　林佳蓉
主　　編　林慶彰
總 編 輯　杜潔祥
出　　版　花木蘭文化出版社
發 行 所　花木蘭文化出版社
發 行 人　高小娟
聯絡地址　235 新北市中和區中安街七二號十三樓
　　　　　電話：02-2923-1455／傳眞：02-2923-1452
網　　址　http://www.huamulan.tw 信箱 sut81518@gmail.com
印　　刷　普羅文化出版廣告事業
封面設計　劉開工作室
初　　版　2013 年 3 月
定　　價　十五編 18 冊（精裝）新台幣 30,000 元

《十五編》總目

編輯部　編

《中國學術思想研究輯刊》十五編　書目

《中國學術思想研究輯刊》十五編 各書作者簡介・提要・目次

第一冊 《詩經》雅頌中德治思想研究

作者簡介

林佳蓉，臺灣雲林縣人。臺灣師範大學國文學系博士。現任教於臺灣師範大學國文學系。以《詩經》和宋代文學爲研究關注的主要領域，撰有〈一個道統詞觀的建立——論《碧雞漫志》與傳統儒家詩論之關係〉、〈論《樂府指迷》的詞學觀〉、〈論《苕溪漁隱叢話》的詞學觀〉、《承擔與自在之間——從朱熹的詩歌論其生命趨向的依違》、《杭州聲華——以張鎡家族、姜夔、周密之詞爲探討核心》等。

提 要

殷周之際，是中國歷史文化上的一大轉變契機。周能代商鼎祚，開創八百年的歷史格局，乃緣於周初聖哲從政治、社會制度精思擘畫，從渾濛冥昧的殷商巫術氏族文化，轉向尊禮制尙人文的文化事功。《禮記・表記》云：殷人尊神，周人尊禮，即商周文化之差異點的最佳表徵。

本文以《詩經》雅頌中之德治思想作爲探索的主線，其間闡述形成德治思想的歷史背景，與商周之際文化遞嬗的關係，並從「周初歷史與德治的建立」、「社會批判與德治的要求」、「天命思想與德治的關係」三個主要層面進行論述。其中以文王爲豁顯天命、落實天命的具體代表，是周代文獻形塑以德治國的最高聖哲典型。

目　次

第二、三冊　西周用詩考

作者簡介

　　林志明，北京師範大學文學博士。祖籍福建泉州，2000 年考入北京師範大學中文系，2005 年考入該校古代文學研究所，進行碩士階段的學習，師從過常寶教授、李山教授。2007 年碩博連讀，2010 年博士畢業。博士論文《西周用詩考》。已在《貴州文史叢刊》、《東北師大學報》、《詩經研究叢刊》等刊物發表學術論文 4 篇，參與《詩經詞典》、《管子譯注》等書的編寫。2010 年加盟育靈童，進入育靈童教育研究院，前後參與國學課堂、小學國學教材教參的研發以及國學教育的研究和推廣。

提　要

　　本文的研究物件是保留在《詩經・雅頌》中的西周詩篇。本文認爲在西周的文化語境中，詩是針對禮儀的需要而創作的，本質上是禮儀文獻。只有還原詩篇的禮儀背景，才能重建周代詩篇的歷史文化語境，才能在正確的意義上理解詩篇。因而，本文以文獻考證的方法揭示詩篇的禮儀背景，以此來關照詩篇的觀念內容和形式特徵。全文共八個章節，分爲三個部分。

　　第一部分是緒論，主要探討三個問題。一是論述詩在西周的文化語境中的性質及其制度基礎。二是勾勒了周代用詩的歷史演變，包括了禮儀用詩、諷諫用詩、外交賦詩等階段。

　　第二部分是禮儀用詩，研究那些應用於典禮之中的詩篇，考證它們的禮儀背景。根據禮儀類型，分爲六章：第一章探討祭祀禮儀用詩，包括祭天禮儀用詩和祭祖典禮用詩（以祭祖禮爲主）。第二章探討農事禮儀用詩，包括藉禮用詩、報祭用詩、嘗新禮用詩。第三章探討政事禮儀用詩，包括即位典禮用詩、

冊命典禮用詩、朝覲典禮用詩。第四章探討燕享禮儀用詩，包括燕飲用詩、饗禮用詩、射禮用詩。第五章探討軍事禮儀用詩，包括狩獵禮儀用詩、軍禮用詩、征役樂歌。第六章探討餘下的一些詩篇，包括昏禮用詩、考室考牧用詩、行役樂歌、邦族樂歌。

　　第三部分是諷諫用詩，研究產生於西周晚期至兩周交替之際的規諫、怨刺詩篇。分爲四節：第一節探討「厲王革典」與西周王室在夷厲宣幽時期的衰弱，還原了諷諫詩篇高漲的歷史背景。第二節探討了「歌詩諷諫」制度的內容，揭示了諷諫詩篇產生的制度基礎。第三節探討了諷諫詩篇的用樂屬性，認爲諷諫用詩入於各種禮儀的無算樂儀節中。第四節在「無算樂」所系的禮儀的基礎上，結合詩篇的內容推測諷諫詩篇產生的禮儀場景。

目　次

第四、五冊　《春秋》內、外《傳》筮法之「八」考訂

作者簡介

　　盧秀仁，任教於正修科技大學通識中心，另於高雄市長青學苑教授《易經》與《易經》環境學等課程，現於國立中山大學博士班從事《易學》相關研究。

　　筆者嘗因緣際會接觸堪輿、命理等相關學科，洎此即與《易學》，尤其象

數《易學》結下不解之緣;常嘆「學海果然無涯,惟勤方始得岸。」是以治學猶持「戰戰兢兢,如臨深淵,如履薄冰」之態;同然於本書之般,正致力於《易學》另類爭議問題之探討,期於不久之將來,可獲足供酌參之結果。

提 要

〔唐〕柳宗元曾言:「君子之學,將有以異也,必先考究其書,究窮而不得焉,乃可以立而正也。」末學才疏意廣,己知無可抵柳氏所言之境界,然疑而考究之心或恐未及,惟亦无遠矣!凡接觸「變卦」之說者,必對之「八」問題產生疑惑與興趣,本文即為此殫精竭慮,窮索考辨,雖略有成,然所得或如管窺蠡測,未能滿足浩瀚學海,惟所論之言,蓋可重啟思慮之方,當不為過。

《左傳》、《國語》記載卦例總計二十三則,與《周易》筮法相關者僅止十七筮例,其中特有三例:《左傳·襄公九年》「遇〈艮〉䷳之八」、《國語·晉語》「得貞〈屯〉䷂悔〈豫〉䷏皆八」、「得〈泰〉䷊之八」,咸與其餘十四則筮例、六則卦例,全然不類。本論文即專就三「八」筮例,加以審省考覈深入研討,以期明了三「八」筮例真正本義。

經研究得知,現存《周易》筮法「大衍之數」咸泊【東漢】鄭玄(127-200年)《易緯乾鑿度》之注說而來。且依其之論獲知《周禮·大卜》所稱「《連山》、《歸藏》、《周易》」三《易》來源盡皆一般,且三者「大衍之數」全然相埒,策數「六、七、八、九」亦且不殊,更且「老陰、少陽、少陰、老陽」之屬亦歸同然。又且證實內、外《傳》三「八」筮例,其成卦之法咸非《周易》筮法,其「八」字實為「不變陰爻」策數「八」義之象徵,更且「貞」、「悔」二字確然即指筮法成卦之「內卦」及「外卦」,絕非歷來所稱「本卦」與「之卦」。況且「得貞䷂〈屯〉悔〈豫〉䷏皆八」為兩筮所得兩卦之結果,咸非本卦、變卦因果遞嬗之關係。更於本研究得知《歸藏易》確曾存在之事實,然三「八」筮例成卦之法,究屬《連山》抑《歸藏》則尚無定論。

經本文之研究,發現三「八」筮例成卦之法,與出土戰國楚簡數字卦似存有尚不為人知之關係,抑或與《連山》、《歸藏》成卦之法恐有關連,惟尚待更多材料之出土,且須持續深入之研究,方可獲致期盼之解答。

目 次

上 冊

第六、七冊　《程頤易傳》大義探微

作者簡介

　　毛炳生，男，1954 年生。廣東惠陽人。國立臺灣師範大學國文學系畢業（1980），香港新亞研究所文學組碩士（1984），華梵大學東方人文思想研究所文學博士（2012），現職新北市丹鳳高級中學（國中部）國文科專任教師。著作：《曹子建詩的《詩經》淵源研究》（碩士論文。台北：文史哲出版社，1985年）、《教師會何去何從──台灣教改的沈思》（台北縣教師會叢書，2003 年）、《易程傳集校》（台北：花木蘭文化出版社，2008 年）

提　要

　　程頤，是北宋道學之奠基者。道學是直承先秦儒學與易學而發展於宋代之主流學術。程頤稱其學爲道學，乃在於發揚孔孟之道，而旁及於與道、佛二家抗衡。程頤自認爲儒者，並提出經典解錯無妨，道理可用即可之觀念，重新詮釋《易經》，闡揚儒者治國之理念。該書於程頤六十七歲之晚年完成，書名《易

傳》。後人稱《伊川易傳》，或逕稱《程傳》。程頤既能於書中提出治國之理論與建議，復能予以實踐，身體力行，可謂知行合一者也。

《程傳》乃程頤唯一自撰成書之作品，亦爲繼《十翼》後儒理易學之鉅著，在儒學史與易學史上，均具承先啓後之意義。然研究宋明理學之近代學者，於程子思想部分，多從〔南宋〕朱熹所編之文獻入手，鮮有涉及《程傳》者，即使涉及亦非視爲重要文獻；甚至有人認爲《程傳》由於缺乏訓詁與考據之工夫，並無多大價值。本論文作者即深深以爲不然，故欲發掘《程傳》之價值。程頤高弟尹焞即曰：「求先生之學者，觀此足矣。」並謂其一生「踐履盡易」。作者亦以爲，程學之價值盡在《程傳》。職是之故，本論文即以《程傳》作爲探測程頤學問之主要根據，相關文獻僅作輔助。而程頤本人踐履盡道，尤增其作品之魅力，非一般空談哲理之書可比也。

本論文分六章進行。首章即開宗明義闡揚《程傳》之價值。次章分梳其儒學與易學之淵源。三章針對《程傳》書名、卷數、傳授、體例，及近代學者質疑〈易序〉與〈上下篇義〉之作者諸問題而發。四章討論《程傳》吸收《十翼》之解讀技巧與作用。五章探討《程傳》之義理。程頤之道學乃從易學開出，銜接儒家義理，重視修齊治平，並強調君臣之義。本章應爲論文之核心所在也。六章爲四章之延伸。主要在析論程頤解《易》對傳統易學之應用與發展。程子自言「隨時變易以從道」，「隨時變易」，既爲程頤推天道以明人事，亦爲其解《易》之原則也。

孔孟之道實爲「君子之學」。程頤既能於書中發揚其理，復能踐履盡道，故其書之價值自是非凡。程頤嘗謂其書只說得七分，餘三分應自行體會，無異於孔子勉人「舉一反三」也。作者認爲，《程傳》所提出之治國理念，於今日民主政制之社會亦爲適宜。儒學本乎人性，強調秩序與和平；政制雖古今不同，愛好秩序與和平之人性則並無二致也。執政者如能善讀《程傳》，舉一反三，即可知治國之道矣。

目　次

第八冊　方孔炤《周易時論合編》之研究

作者簡介

　　劉謹銘，一九七〇年生於臺灣新竹，中央大學哲學碩士，中國文化大學哲學博士。曾任花蓮德武、苗栗新興國小教師。現任仁德醫護管理專科學校通識中心專任教師。在期刊學報上發表有關王充與易學之論文逾十篇。

提　要

　　本論文旨在研究明清之際哲學家方孔炤的易學思想，此文大致分成四個部份：

　　第一部份為導論章，在本章中，首先要從其生平切入，分析當時的政治社會之現實情形，以及從思想史等角度，分析孔炤的論學背景。其次則對方氏易學的形塑、方孔炤學思發展的進程，以及《周易時論合編》一書的形式結構予以探究。最後，則說明本文的研撰動機以及研究方法。

　　第二部份即第二章，透過其所極力批判的問題切入，以發抉其易學之基源問題，藉以揭示方孔炤時用易學之方向。

　　第三部份則為三至九章，方孔炤易學的易學內涵之解析與詮釋，此部份本文大抵上採取三段式的探討方式，首先以易學史的角度予以考辨；其次再就相關的理論問題予以析論；最後則說明孔炤對此問題的看法。

　　1. 第三章從經傳參合的問題切入，說明在易學史上的演變過程，以及朱子「《易》本卜筮之書」的觀點及影響，並舉李光地為例說明；繼而以說明方

孔炤對這些問題的看法，進而展示其易學立場；最後則闡明他對《周易》本質的看法爲何。

2. 第四、五兩章論太極，首先透過思想史的省察，釐析相關問題。繼而從理論層面，展示周子太極觀的內涵；繼而探究造成諸家爭論不休的原因；最後再申明方孔炤貫一不落有無的太極學說，對於相關問題的看法，以及此一看法背後所隱涵之意義。

3. 第六、七兩章論河洛之學，這兩章先自河洛源流切入，進而說明河洛之學的的意涵，以及河洛所引發之問題。繼而自孔炤對於相關問題的看法切入，說明他如何透過太極分化的角度，以「密衍」與「互藏」等主張解決此中的問題。

4. 第八、九兩章討論先後天易學，首先就先後天易學之內容異同及其關係，予以探究。繼而進一步闡釋方孔炤對於相關問題的看法，以及如何透過先天蘊於後天之見解，回應其基源問題。

第四部份則爲結論，綜合說明方孔炤易學之歸趨，繼而說明其貢獻與侷限，最後則從易學史的角度，說明其價值與定位

目　次

第九冊　翁方剛《易附記》研究

作者簡介

　　李凱雯，台北人。台北教育大學畢業。台灣師範大學國文所碩士。研究所在學期間，受到賴貴三教授的啟發，與易經結下不解之緣，進一步開啟研究易經的興趣。除了學術研究，也熱衷於教書。畢業後，投入於教職。現任職於公立高中，擔任高中國文教師。

提　要

　　翁方綱（1733～1818），字正三，順天大興人（今北京大興），生於清雍正十一年（1733年），卒於嘉慶二十三年（1818年），年八十六。為乾嘉時期學者，其詩學理論「肌理說」廣為人知，而其《易》學成較不為人所熟知。身處乾嘉時期，樸學大興之際，《易》的研究以漢《易》為主，宋《易》較為少見。翁方綱重視義理，自言其學以程朱之學為本，不廢考據。《易附記》一書，乃翁方綱旁徵博引各家之說而成。本研究以翁方綱《易附記》手稿為主要研究資料，分析《易附記》一書的寫作背景以及《易附記》內容、寫作特色。同時《易附記》一書，大量引用各家說法，試圖從引用之中，分析翁方綱對漢《易》、宋《易》的態度，進而歸納出翁方綱的治《易》方法與《易》學內容。

　　翁方綱的易學態度可從兩部份論之，第一「以考據為基礎」，第二「求義理為目的」。以考據為基礎，是深知宋代學者治易之弊，考據最終的目的是讓義理明白。考據並非翁方綱的治易重心，而是一種方法與手段，最後的目的在於讓義理顯明。考據上，翁方綱旁徵博引相當多的字書與韻書，如：《爾雅》、《說文解字》、《玉篇》、《經典釋文》、《廣韻》、《方言》、《釋名》等書。義理上，筆者採用統計的手法，從翁方綱引用的次數來做分析。朝代上，宋代引用最多，799次（52%），佔了全部比例的一半以上；清代次高，246次（16%），唐元兩代，相差不多。唐代130次（8%），元代105（7%），其中又以唐代略高於元代。人物上，義理易的引用數量，勝過象數易。引用次數最多，為宋代項安世《周易玩辭》，251條；引用次數第二高，為朱熹《周易本義》、《朱子語類》，180條。引用次數第四高，為程頤《周易程傳》，125條。引用次數第五高，為胡炳文《周易本義通釋》，125條。象數《易》惠棟引用133條，居冠；虞翻引用68條，居次。

　　《易附記》一書，對於漢人與清人的評論，著重在鄭玄、荀爽、虞翻、惠棟等人身上，翁方綱注意到鄭玄援禮詁經，但注三《禮》與注《易》實有不同。荀爽《易》，以升降說為其特色。翁方綱亦引升降說解易，但也說明，不可過執升降之說，反而限制住發揮的空間。虞翻解《易》，擅長以卦變、逸象說解，翁方綱對於卦變與逸象之說皆採取反對意見。翁方綱認為卦變與逸象皆聖人無論及，以此法解易，悖離聖人之道。對於惠棟，有批評亦有贊同部份。贊同上，義理與典籍的考據密切結合、義理的詮釋合宜兩點，得到翁方綱的肯定。批評上，惠棟刪改增補經文、解《易》立場不一、反對卦變之說、理解錯誤、引用

出處不詳、義理詮釋不精等六點受翁方綱批評。

《易附記》一書，對於宋人的評論，著重在程頤、朱熹、項安世、胡炳文四人身上。程頤的卦爻辭詮釋精當受翁方綱肯定，但偶有字義上的詮釋不當、義理的理解不合、乾坤卦變之說、象象合觀以釋卦名四點，是翁方綱所不同意的。朱熹的讀易之法、義理詮釋、使用古訓受到翁方綱推崇。但朱熹卦變、卦圖之說、經義所無的詮釋爲翁方綱所批評。項安世爲翁方綱引用次數最多的人物，認爲項安世解易，多半皆能合於經義，並多以項安世之說作爲最後的依歸。項安世所歸納出的解經原則也受翁方綱推崇。項安世於程朱未盡處之闡發與補充，此點也受翁方綱讚賞。但項安世使用卦變解易，一如虞翻、惠棟、程朱等人，皆爲翁方綱所不用。胡炳文則是發明朱熹未盡之意深受翁方綱肯定。

目　次

第十、十一冊　姚配中《周易姚氏學》研究

作者簡介

陳詠琳，高雄人，天主教輔仁大學統計資訊系學士，後轉入中文學術界發展，應屆考上國立高雄師範大學經學研究所，有幸於碩士班期間讓黃忠天老師指導易學，現今爲國立成功大學中國文學系博士生。另有〈對數字卦的另一種解釋〉、〈《焦氏易林》與籤詩關係初探〉、〈清代嘉慶、道光時期《易》學背景探析——兼論輯佚對《易》學發展之輔成〉、〈學術社群對姚配中及其《周易姚氏學》之助益〉等單篇論文。

提　要

清代嘉慶、道光年間，漢學風氣由極盛逐步轉向衰微，經世致用的口號興起，回歸宋學的士人日益增加，漢學派也開始走向調和、兼容宋學的局面，但依然有不少學者仍鍾情漢學，尤其在惠棟《周易述》與張惠言《周易虞氏義》兩書風靡整個學術界之後，促使諸多學者對虞氏易學研究趨之若鶩，安徽旌德縣的漢易學家姚配中即是其中之一。姚配中在摯友包世榮的建議與學術社群友人的支持下，走上漢易研究的道路，在諳熟惠、張二氏對虞翻易學的研究成果後，厭倦虞氏象數易之繁瑣，遂轉而投入鄭玄易之研究，故能揉合虞、鄭兩家學說，承繼惠棟、張惠言之後，再度執掌漢易大旗，被後人稱作「漢易之末流」。

姚配中奉孔子《易傳》爲圭臬，宗主鄭康成，考究漢、魏諸家之易說，歷經多年寒暑，終於撰成《周易姚氏學》十六卷。此書大力闡發「易中之元」的概念，姚配中在漢、魏易學家的基礎上，建構了自己的「易元」學說，其對「易元」理論的因革損益，使沉寂已久的漢代「易元」之學，得以重新顯揚於世。光緒文獻學家張壽榮便萃取姚配中「易元」學說之菁華，另行刊刻《易學闡元》一書，足見《周易姚氏學》自有可觀之處。清末民初的學者，如曹元弼、杭辛

齋、尚秉和、梁啓超、吳承仕等人，皆對姚配中及其《周易姚氏學》讚譽有加，認爲此人、此書能與惠棟、張惠言兩大易學巨擘齊名，可惜在這一批學者之後，學術界對姚氏易學的討論就此停滯，鮮少再被提起，近五十年來，兩岸三地未曾出現以姚配中易學作爲主要研究對象之學術論文或專著，實爲易學界之遺珠。姚配中所撰寫的易學著作中，至今僅有留存《周易姚氏學》和《周易通論月令》兩書，《周易姚氏學》爲姚配中對《周易》經、傳的注疏書籍，乃姚氏易學之代表作，由此書入門，應可窺得姚配中易學之堂奧，故本論文遂以《周易姚氏學》爲軸心，以發掘、闡明、檢視姚配中易學及其《周易姚氏學》爲最主要目的。

本論文大致分爲三條脈絡，由於近五十年來的學術界幾乎沒有姚配中易學之相關論文，故在第一條脈絡先行概述姚配中之生平、學行和易學著作，以及姚氏所處時代之易學風氣與發展，對姚配中及其《周易姚氏學》進行扼要的介紹；第二條脈絡討論前人書籍、清代學者、漢代易學家對姚配中及其《周易姚氏學》之啓發，並觀察姚配中對這些學說的內化與援用傾向，最後進一步鑽研姚氏在《周易姚氏學》中對文獻運用之實例；第三條脈絡說明《周易姚氏學》的易學特色（尤其偏重探討姚配中之「易元」學說），且加以論述《周易姚氏學》在學術史上的評價，和檢視此書之訛誤與不足。

目 次

第十二冊　周禮夏官的軍禮思想

作者簡介

鄭定國，浙江省永嘉縣人，出生於舟山市定海區干纜鎮，一九四九年九月出生，淡江大學中文系畢業，文化大學中文所碩士、博士。就讀大學前任教於台東大學附屬小學，大學畢業後服務於台灣省政府人事處。碩士畢業任教於台中高級農業學校。博士畢業首先服務於台中台灣美術館副研究員，又先後任教於逢甲大學、雲林科技大學、明道大學、南華大學等校，現任南華大學文學系教授，主要研究領域，為台灣文學、宋詩學等。著作有《王十朋及其詩》、《邵雍及其詩學研究》、《周禮夏官的軍禮思想》及台灣文獻系列編輯，包括《吳景箕詩文集》、《張立卿詩草》、《王東燁槐庭詩草》、《黃紹謨詩文集》、《雲林縣的古典詩家》、《雲林文學的古典和現代》等近百冊書籍。

提　要

本文解析周禮職官有關夏官官職的部份。夏官是國防軍職任務的分配和軍職內蘊所表達的理想和意義，透過職官的了解，來徹底分析秦漢職官作為和政治理想，為往哲思想作詮釋，為後世職官作建議，有助於古今職官連貫的明白，更可以把禮兵合一的哲學昇華。

目　次

第十三冊　《儀禮·公食大夫禮》管見

作者簡介

　　鄭憲仁，高雄人，國立臺灣師範大學國文學系學士、碩士、博士。現任教於國立臺南大學國語文學系。學術專長為：中國古文字學、先秦禮學（三禮）、古器物學、中國上古史。發表著作如：《西周銅器銘文所載賞賜物之研究——器物與身分的詮釋》、《周穆王時代銅器研究》、〈銅器銘文所見聘禮研究〉、〈銅器銘文「金甬」與文獻「鸞和」之探究〉、〈銅器銘文札記〉、〈子犯編鐘——西之六探討〉、〈銅器禘祭研究〉、〈豆形器的自名問題——兼論器物定名〉、〈西周銅器斷代研究上的幾點意見〉、〈《殷周金文集成引得》與《殷周金文集成釋文》隸定相異處探討——以樂器為例〉、〈哀成叔諸器研究〉、〈周代「諸侯大夫宗廟圖」研究〉、〈《儀禮·聘禮》儀節之研究〉、〈郭沫若《周禮》職官研究之探討〉、〈釋拜——稽首、頓首、空首、振動〉、〈近六十年（1950～2010）關於《儀禮》食器的討論〉、〈錢玄的三禮名物學研究〉等。

提　要

　　本書以《儀禮·公食大夫禮》為研究對象，是作者研究先秦食禮的部分成果，採用以圖說禮的詮釋方式，可視為圖說《儀禮·公食大夫禮》的系列之一。全書以三個子題的方式呈現研究成果：子題一是「〈公食大夫禮〉之性質及其與〈聘禮〉之關係」，討論《儀禮》中的兩篇文獻的關係；子題二是「由經文的研讀到儀節圖的繪製」，這是全書的重心，目的在繪製詳細的儀節圖。研究的方式是由集釋著手，匯集前人意見，加案語的方式以誌作者心得，並繪製禮圖，達到以圖輔文的效果，本書新繪儀節圖凡三十七幅，並有名物圖五幅。子題三是「禮義的探討」，先就劉敞〈公食大夫義〉討論，再分析〈公食大夫禮〉的禮義，以闡發賢哲立禮的要旨。三個子題為三章，相互聯繫。

目　次

卷頭語

第十四冊　楊士勛《春秋穀梁傳注疏》之研究

作者簡介

陳秀玲，聖約翰科技大學數位文藝系講師，中興大學中文研究所碩士後，曾任南榮技術學院共同科講師、新埔技術學院國文組教師，及聖約翰科技大學全人教育中心通識教育中心講師至今。授課內容：國文、現代散文欣賞及習作等。

提　要

茲將本篇論述之要點，依各章節先後之次序，簡述於後：

第一章、緒論：首先說明本篇研究之動機與目的、方法與架構。其中有對穀梁學之古籍整理，與近人研究之成果，作概括性之簡述；其次是楊士勛生平述考─包括生卒年、仕職、師承、著作四項作考辨，及論楊氏注疏編撰之背景，前人論楊氏注疏之得失、評價。皆予以歸納綜理其條緒。

第二章、楊士勛《春秋穀梁傳注疏》之版本及其撰述方法：此章就形式與

內容兩端，以論楊氏穀梁疏之所以成書。形式上首釋書名，次就古籍卷數、版本流傳作一探究；再就注疏內容，歸納楊氏編撰之寫作方法有六：為宗本范注、引本經傳文以疏范、兼取左公傳注、博采群書諸儒、引用舊說舊解及其他、融通他說、闕遺哲等。旨在對該書作全面性之觀照，期能展現楊氏注疏之基本理念焉。

第三章、楊氏疏對范注之疏正：筆者於三、四、五章以分析、舉證之法闡明楊氏對范注之疏正，有注文徵引之指明者，有對范注所訓釋經傳文字、名物、典章禮制與風俗、天文地理、草木及文意說解皆予以注疏；或就史實、書法傳例、范氏「甯所未詳」之疑處，予以申釋者；或有范氏所未注、注有謬誤者，皆予以補備及匡正，以見楊疏實所以濟范注之窮者也。

第四章、楊氏注疏對經傳之發明：凡為疏者，皆謹守疏不破注之原則，此為注疏者宜謹守者。然楊氏對范注穀梁經傳實亦有所闡發。本章就經傳義理之發明、經傳義例歸納之說解、文字訓詁及校勘、經史例之別諸項，皆予以折衷論述、闡揭，藉以闡明楊氏疏對穀梁之用心。

第五章、楊氏疏之駁疑傳及其他：楊氏疏以是非為斷，或駁疑傳之矛盾，或就左、公二傳注，駁其是非、較其同異；亦就諸家舊注之說，予以評駁、諟正，是其能超越於先儒者之處也。

第六章、楊氏疏之疏失：楊氏之宗范注而作疏，前人之評論毀譽者兼之，得失者參半，其得之者於本篇三四五章，可少窺其梗概；至於其疏失，本章所論有體制、經傳義理、義例、訓詁、考據之缺失者五項，亦舉證論述，考辨其謬失；雖然，楊氏疏亦不失為經學之一巨著也。

第七章、結論：說明楊氏穀梁傳疏之得失及其對經學之貢獻。末附附錄及主要參考書目。

目　次

第十五冊　晚清經學思想的轉變
——以章太炎「春秋左傳」學爲中心

作者簡介

宋惠如，台灣省花蓮縣人，畢業於國立中央大學中國文學研究所碩士班，師從岑溢成教授，撰寫論文《劉師培春秋左傳學之研究》，與輔仁大學中國文學系博士班，師從張壽安教授。專長在經典詮釋、經學史研究、《春秋》學、近現代思潮研究與先秦兩漢學術思想，撰述相關論文十數篇。

提　要

本論文通過章太炎以「春秋左傳學」爲中心的經學研究，討論晚清民初經學思想的轉變與歷程。一方面關注章太炎「春秋左傳學」對傳統經學的繼承與轉換，以觀察晚清民初經學思想在時代轉型下的變化。一方面更注意在當代中西文化對照的重大課題下，章太炎如何轉化中國傳統經學，以面對近代化的挑戰。這些挑戰令近代經學呈現多元而豐富的發展。

本論文討論章太炎學術思想在晚清民初的轉變經過，從其根柢漢學，出於漢學、訂孔詆儒，最後返經倡儒，融調經學、儒學，以說明其對傳統與當代經學的省思與關注，並把焦點集中在「春秋左傳學」的研究。晚清今古文經學家透過對《左傳》的質疑與維護，展開孔子《春秋》學、經學與儒學思想觀念的

相互辯難。章太炎經由回溯「春秋左傳學」在秦漢的發展歷程引證文獻，信而有徵的回應、駁正今文學家僞經說、不傳《春秋》與尊經抑史的經學主張。在這樣的過程中，章太炎發現漢儒與清儒在治經方式與經學思想上的框限，意識到傳統崇孔尊經、通經致用、經爲天下公理等傳統經學觀的發展沿流與其時代困境，於是重新校理傳統經學體系，而有了發展新經學可能。

　　章太炎透過「春秋左傳學」所提出的古文家經學思想，是對漢代以來一直延續到晚清，深爲今文學主張所籠罩的傳統經學思想的一種反動與聲張，又代表著傳統經學中的核心觀念，以孔言爲聖道、經爲普遍眞理的思想在近代重新被挑戰。這樣的思考趨向對應當時對知識近代化的追求，嚴重衝擊著傳統經學，及其所維繫的儒學學術體系。在傳統知識體系普遍受到質疑的新時代走向中，章太炎又在中西文化對照的思考高度下，透過「春秋左傳學」的研究與體認，重新建構經學，以六經皆史說爲理念，勾稽六藝、六經，經學、史學與儒學的統系流脈，脈絡經學知識體系，建立研究方法，重估其價值意義。其「春秋左傳學」是爲晚清民國的經學轉型甚爲重大的一環，所開展的經史學，乃經學發展之新面向，又爲民國以來中國學術近代化重要的理論基礎。

目　次

第十六、十七冊　漢宋《孝經》學論考

作者簡介

　　羅聖堡，1983 年生。國立臺灣大學中文系、中國文學研究所碩士班畢業，現就讀於國立臺灣大學中國文學研究所博士班。

提　要

　　早期《孝經》受漢唐學者所重視，然而宋代以降，學者對於此書的作者、時代與思想內容有所疑慮，進而對《孝經》有所批評，朱熹的《孝經刊誤》，正是這方面的代表作品。本文以經文的考釋爲始，綜合宋儒、清儒與近代的出土文獻，進一步提出，《孝經》以儒家思想爲骨幹，又吸收墨、道兩家的思想，是韓非以前的先秦顯學。至於《孝經》學史的研究，本文探討由漢至宋《孝經》學史的發展。漢初因其政治與制度上的理由，《孝經》恢復先秦顯學的地位，影響往後的禮制與政治；佐以讖緯的興起，《孝經》與《孝經》讖緯的衍生說法，更是深植於民間風俗，是漢代《孝經》學的主流。關於漢唐之間的空白，本文利用《孝經注疏》，論證《孝經》是魏晉六朝時期，溝通名教與自然的重要根據；另一方面，經由唐代君臣的詮釋，《孝經》脫離了災異式的思維，又發揮其所本有的諫諍觀念。進入宋代，《孝經》對司馬光等人有特殊涵義，不

過在疑經考辨的風氣之下,《孝經》的影響力與重要性逐漸衰微,即使後來有陸九淵等人的努力,《孝經》的衰落已無可挽回。

目　次

第十八冊　南朝儒經義疏之時代特色

作者簡介

戴榮冠，台灣高雄人，國立成功大學學士、碩士，現爲國立成功大學博士候選人。師事宋鼎宗、林金泉教授，並曾赴北京大學哲學系進修，研究經學、讖緯、術數學、文獻學等領域。曾在國內外研討會與刊物上陸續發表〈論南朝儒經義疏的形成──以儒釋兩家爲對象〉、〈南北經學交流與南朝義疏發展之探究〉、〈西漢卦氣說之天道觀考察〉、〈清代胡安國春秋傳所體現的華夷之辨〉、〈清代論詞絕句論黃庭堅詞探析〉等文章，致力會通經緯，發揚國學。

提　要

南朝時期，屢經動亂，又時代更迭迅速，使得政局呈現內亂、外患並現的情勢，少有長期安定繁榮之時，而經學的發展必須有一定之社會安定基礎，在此時對經學的發展是不利的。又因新興學派並起，儒文學、史學、玄學、佛學等，在當時得到帝王、士族的支持，成爲一代之風尚。諸學並立，代表的是儒學獨尊地位之不再，由於帝王的褒獎愛好，使得才學之士紛紛流向新學，對經學發展甚爲不利。當時經學所呈現的，乃是內容與體例的變革、重視禮學與經說多元化面貌，筆者探索南朝義疏發展的背景，以窺視經學呈現特殊現象的成因，作爲義疏之學論述之準備，是爲第一章。

義疏之學，是南北朝時期所特有之經說體裁，本質上即是對各經經注的再詮釋。南朝由於受到時代風氣、傳統經說及新興學派的影響，使得義疏體例異於北朝，由於玄學的持續發展，使論辯談說之風滲入經學之中；佛教的講經與注經，在形式與方法上令人耳目一新，當時經學除繼承漢魏以來的解經傳統，同時又受到新的刺激，於是在解經方法上產生了變革，義疏體裁的產生是當時最具代表性的項目，筆者就南朝義疏產生之原因與體例之特色進行論述，以期能凸顯南朝義疏體裁之時代特色，是爲第二章。

義疏之學，除了體裁有別於前代之外，在內容的表現上也同樣具有特色，由於南北呈現分裂狀態，使得雖同爲義疏之名，但卻有著不同的發展型態，大體上北朝重師承，篤守漢末鄭玄之學傳統；南朝重創新融通，解經兼采各家，不泥於一家之學。北學以鄭玄之學爲主，使義疏發展呈現較爲統一的局面，雖

然有其他學派與之抗衡，但基本上仍是呈現穩定的狀態。南朝義疏內容則非如此，一方面繼承前代經學議題，如鄭王之爭的延續，一方面博採各家之說，並時有創新之說，義疏內容所呈現的是十分豐富的面貌。南朝各經義疏的共同特徵，在於廣收古今各家之言，並融合南北義疏內容，使經學在南朝進行了內容上的交融。雖然喜好創新之說，並常有謬誤之論，但經說的整體成果，是具有正面意義的，唐代《五經正義》之作便是融合古今南北經說之代表，《五經正義》的成書，南朝儒經義疏的融通經義則功不可沒，筆者本此脈絡論述，是為第三章。

南朝時期，南北交流頻繁，其中常有經學之交流，因南朝學風好新穎、重融通，故於南北經學交流之時，北方學者之學說、流派流入南朝，在各家論辯的過程中，使南朝義疏之內容得以豐富與深化，這對南北經說的融合有著相當大的貢獻。筆者由史料中尋找南北交流之痕跡，並進一步探究經學交流對南朝義疏之學之影響，是為第四章。

最後總結南朝義疏之學，首先指出南朝義疏體例及內容兼容並蓄、勇於創新的時代特色，此點較前代更為進步，並為新思潮的產生作前置性的準備。其次，論述南朝儒經義疏具有綜括前代經說，並在內容上、體例上具有承先啟後之歷史地位，此為南朝儒經義疏之兩大時代特色，以此總結南朝儒經義疏之時代特色，是為第五章。

目　次

《詩經》雅頌中德治思想研究

林佳蓉　著

作者簡介

林佳蓉，臺灣雲林縣人。臺灣師範大學國文學系博士。現任教於臺灣師範大學國文學系。以
《詩經》和宋代文學為研究關注的主要領域，撰有〈一個道統詞觀的建立——論《碧雞漫志》與
傳統儒家詩論之關係〉、〈論《樂府指迷》的詞學觀〉、〈論《苕溪漁隱叢話》的詞學觀〉、《承擔
與自在之間——從朱熹的詩歌論其生命趨向的依違》、《杭州聲華——以張鎡家族、姜夔、周密
之詞為探討核心》等。

提　　要

　　殷周之際，是中國歷史文化上的一大轉變契機。周能代商鼎祚，開創八百年的歷史格局，
乃緣於周初聖哲從政治、社會制度精思擘畫，從渾濛冥昧的殷商巫術氏族文化，轉向尊禮制尚
人文的文化事功。《禮記・表記》云：殷人尊神，周人尊禮，即商周文化之差異點的最佳表徵。

　　本文以《詩經》雅頌中之德治思想作為探索的主線，其間闡述形成德治思想的歷史背景，
與商周之際文化遞嬗的關係，並從「周初歷史與德治的建立」、「社會批判與德治的要求」、
「天命思想與德治的關係」三個主要層面進行論述。其中以文王為豁顯天命、落實天命的具體代
表，是周代文獻形塑以德治國的最高聖哲典型。

自　序

　　殷周之際，是中國歷史文化上的一大轉變契機。周之所以能代商鼎祚，底定天下，開創偉盛恢宏的歷史格局，是緣於周之社會制度與思想，政治之形式與內容，經由周初聖哲之覃慮精思，因革損益，而從渾濛冥昧的殷商巫術氏族文化中挺立而出，建構瑰偉不朽之人文事功，《禮記‧表記》上說：殷人尊神，周人尊禮，即商周文化之相異點的最佳表徵。其能相應於周代之郁郁文華者，以《詩經》爲最古、最可信之一部經書。《詩經》以其無邪溫雅之姿，屹立於歷史的前端，其於文學，是百代宗歸的祖源；其於經學，是千古傳誦的聖典。詩三百或歌詠情思，導發性靈；或諷議時政，教化風俗；或形容盛德，美厚人倫，其間眞切的情志，誠淳的聲思，雖然遙隔千載，探之猶覺歷歷在目。

　　本文所論，以「詩經雅頌中之德治思想」爲探索的主線，其間兼而上溯商周之際文化嬗替的關係，下尋雅頌中之德治思想與孔孟德治學說之間承傳的形跡，希望從鳥瞰歷史脈絡的觀點，以明其浮落轉化之文化現象，與循序漸進之歷史規則，俾使「詩經雅頌中之德治思想」在交移代變的時空中，予以適當的定位與價值的肯定，期能經由本文的論述，更加發顯詩經中的精粹光華。雖然本此心願捋管爲文，其間易稿再三，但匆匆歷一寒暑，論文初成之後，不禁喟然而歎，其與理想之間，實有距離，始深知文章爲「不朽之盛事」一語，是何等莊嚴！何等困難！

　　論文撰寫期間，承蒙王師熙元悉心點化匡正，師雖百務繁忙，但每有疑難問題，至前請示，必是溫怡指導，詳加批閱，復爲我辨析義理，修潤文詞，始能完成此一學步之作。師恩無限，謹此至表我衷心的感謝。因才學不逮，疏漏訛妄之處孔多，尚祈博雅君子，不吝賜正。

1988 年 5 月林佳蓉謹識於
國立臺灣師範大學國文研究所

目次

第一章 緒　論

第一節　研究的緣起

　　《詩經》為五經之一，儒家自孔孟以來，即特重此書。孔子謂「詩可以興，可以觀，可以群，可以怨。邇之事父，遠之事君，多識於草木鳥獸之名。」（《論語‧陽貨》）「誦詩三百，授之以政，使於四方。」（《論語‧子路》）「不學詩，無以言。」（《論語‧季氏》）多自詩之功用立論，以詩能涵養情性，從政致用為要。孟子尤長於說詩，其書引《詩經》達三十九次之多。雖然孟子揭舉「以意逆志」及「知人論世」之說詩卓見，有別於春秋時代「斷章取義」式的賦詩風氣，其言云：「說詩者不以文害辭，不以辭害志，以意逆志，是謂得之。」（《孟子‧萬章上》）「頌其詩，讀其書，不知其人可乎？是以論其世也，是尚友也。」（《孟子‧萬章下》）但究其實，其言詩的旨趣並非欲建立說詩之圭臬，而是「以詩證學」，作為其王道思想與性善學說之輔翼而已！此後，儒者說詩多循孔、孟之途，側重教化致用方面的發揚，遂使詩三百逐漸進入「經學」的典範地位。漢有齊、魯、韓、毛四家詮釋《詩經》的專著，其意均在「通經致用」的效益上，故有「后妃有〈關雎〉之德」（〈關雎篇‧毛傳〉）之說，多從政教的觀點釋詩，至王式以三百篇為「諫書」，〔註1〕達到特重詩

〔註1〕　《漢書‧王式傳》：「王式，字翁思，東平新桃人也。事免中徐公及許生。式為昌邑王師。昭帝崩，昌邑王嗣立，以行淫亂廢，昌邑群臣皆下獄誅，唯中尉王吉、郎中令龔遂以數諫減死論。式繫獄當死，治事使者責問曰：『師何以亡諫書？』式對曰：『臣以詩三百五篇朝夕授王，至於忠臣孝子之篇，未嘗不

之教化功用的最高峰。

　　近代由於純文學受到空前的重視與發展，小說、戲劇、詩歌、散文等各種文學作品如雨後春筍，大量問世，造成《詩經》的研究，也產生極大的改變。部分學者亟於除卻其在經學上的無限附麗，肯定其文學的獨立地位，以詩三百爲中國文學發展史上不祧之祖，故而對於前儒純就政教的觀點釋詩，大加撻伐，顧頡剛於〈詩經在春秋戰國間的地位〉一文的寫作態度，可作爲這種研究方向的代表：

> 《詩經》是一部文學書，這句話對現在一般人說，自然是沒有一個不承認的。我們既知道牠是一部文學書，就應該用文學的眼光去批評牠，用文學的慣例去注釋牠，才是正辦。不過我們要說「《詩經》是一部文學書」一句話很容易，而要實做批評和注釋的事卻難之又難。……我做這篇文字的動機，最早是感受漢儒詩學的刺戟，覺得這種附會的委實要不得。後來看到宋儒清儒的詩學，覺得裡邊也有危險。我久想作一篇文字，說明《詩經》在歷來儒者手裡玩弄，好久蒙著眞相，並且屢屢碰到危險的「厄運」。〔註2〕

由於對《詩經》在經學教化觀點上的反動，與文學地位的提高之評量尺度下，詩風雅頌中的作品，因而也產生高低不同的評價。就整齊和諧的音律，美麗生動的語言，與豐富多姿的情感生命等詩之文學要素以論，雅頌與國風相較，自是遜色三分，國風受到的喜愛與肯定，非雅頌所能及：「二南和國風中的作品，十之八九是抒情詩。他們是三百篇裡最精彩的一部分。」〔註3〕「就文學的技巧說，周頌的價值是不高的。」〔註4〕這種純就文學的觀點品評風雅頌，在民國以前是少有的現象。個人甚且認爲，這種現象的產生，除與純文學受到重視之後的影響以外，與近代民主思潮的衝擊也有關係，因爲雅頌的作者多是貴族，特別是頌詩，全然是站在君王的層面創作歌詠，並無「惟歌生民病」〔註5〕的內容，因此部分過於傾向民眾立場論詩的學者，直斥頌詩爲詩經中的糟粕：

爲王反覆誦之也；至於危亡失道之君，未嘗不流涕爲王深陳之也。臣以三百五篇諫，是以亡諫書。』使者以聞，亦得減死論。」（卷八八）
〔註2〕《古史辨》，第三冊，頁309～310。
〔註3〕劉大杰：《中國文學發達史》，頁41。
〔註4〕陸侃如：《中國詩史》，頁18。
〔註5〕白居易〈寄唐生詩〉。

《詩經》現存三百零五篇，分風、雅、頌。……風詩大部分是東遷以後的作品，具有高度的文學價值。……雅詩可視爲敘述西周政治社會盛衰的詩史，它反應了西周社會生活的變動狀況，揭露了當時貴族政治的腐敗情形，具有高度現實主義精神。「頌」是用來祭祀時向神稱頌或向祖先稱頌的樂歌。……多是阿諛時君的廟堂作品，是《詩經》中糟粕部分。〔註6〕

在《詩經》裡存在著思想內容截然對立的兩種作品：一種是……有人民性的，有現實主義精神的樂歌，這是精華部分；另一種是……廟堂樂歌或官方樂歌，這是糟粕部分。這類詩在風、雅、頌中都有，大雅和頌最多。從思想內容看，這類詩中有很多是歌功頌德的。〔註7〕

三頌二雅裡面沒有什麼戀歌，關於勞動人民的生活也沒有很多的敘述，範圍比較狹窄，因而牠們的內容也是比較貧弱的。從思想內容來看，只有二南與風詩的絕大部分是民間詩歌，是人民歌唱他們的生活思想感情與企望的作品，內容比較起來異常豐富。〔註8〕

我們肯定國風的文學價值，但也不應如此輕易斥貶雅頌中的詩篇。國風中靈動活躍的生命，一唱三歎的情韻，固值得擊節稱歎；而雅頌中朗現周之歷史文化的璀璨光華，宣昭時政的得失良窳，揚勵尊祖敬天的盛德形容，特別是流貫其間的爲政理念，自是另一番莊嚴的神思。若：

維天之命，於穆不已！於乎不顯！文王之德之純。假以溢我，我其收之，駿惠我文王，曾孫篤之。（〈周頌・維天之命〉）

語雖簡樸無華，然其敦篤虔敬之情，深勉惕勵之意，溢於言表，此乃是超越文學，文學不足以言之的一種豐盛的宗教情懷，非如陸氏所云：「周頌……缺點是頌聖的句子太多，……這些都無眞性情可言，都不能感動讀者而予以深刻的印象。」〔註9〕此乃筆者所不敢苟同者。

今撰「詩經雅頌中德治思想研究」一文，乃是緣於坊間與學院對雅頌論題專著的探討殊少，又如陳、周、陸氏等，對頌詩有較爲偏頗的言論，於此

〔註6〕陳鼓應：〈詩經中的民聲〉，《詩經研究論集》，頁249。。
〔註7〕周滿江：《詩經》，頁76。
〔註8〕張西堂：《詩經六論》，頁19。
〔註9〕陸侃如：《中國詩史》，頁18。

欲再作反省探究，故以詩之「雅頌」為研究範圍；而以「德治思想」作為研究主題，是因雅頌自多方面呈現出對此主題的強調與重視，詩文本身已有「言王政之所由廢興」的內容，不待經學家輾轉引申而然——此亦非抹煞《詩經》之經學價值，歷代經學者的注疏，自有其歷史意義。〔註 10〕本文不希望落入過去經學者將詩旨過度引申的途徑，冀望從詩文本身探求原有的德治思想。本文的目標雖然是還原，但是在研究詮釋的過程中，無可避免地會融入主觀的見解，故而還原的工作實際能完成多少？實非筆者敢據以為信者，如有一愚之得，以見詩人為文之苦心孤詣，當無憾也！

第二節　研究的目的與方法

《詩經》在思想上，雖不如較晚成書的諸子思想精深嚴密，但是雅頌所展現的內容，已然孕育出後代儒家思想的一些重要內涵，德治，即是在雅頌中呈現出的一個重要的主題。此一思想在中國二千多年的君主政治體制下，一直被奉為最高的為政原則，它透過孔子的宣揚、肯定，而在歷史上屹立不移。

孔子正式提出德治的一段話，見於《論語·為政篇》：「為政以德，譬如北辰，居其所，而眾星共之。」所揭示的原則，意即為人君者，當以德治國，為政與道德是相互結合的，必為政者有德而使民則之，使之成為日用倫常的生活秩序，此之謂德治。《論語》下面的幾章，都說的是德治：

> 季康子問政於孔子。孔子對曰：政者，正也。子帥以正，孰敢不正。
> （〈顏淵〉）

> 季康子問政於孔子曰：如殺無道，以就有道，何如？孔子對曰：子為政，焉用殺？子欲善，而民善矣。君子之德風，小人之德草，草上之風，必偃。（〈顏淵〉）

〔註 10〕如漢儒解詩，常遠離詩旨，明淺的情詩戀歌，也都寓含道德教化的深意，顧頡剛等認為這是《詩經》之厄運。其實這是歷代《詩經》學上無可避免的過程，注疏者往往會受到當時的文化背景與學術思潮的影響，他們一面探求經典的原義，同時也展現自己的思想，為經典增添更豐富的生命。如將注疏還回原來的時空，在其原有的歷史背景下予以同情的了解，則過份偏離詩旨的解釋，不僅不是瓦礫（鄭振鐸語，〈讀毛詩序〉，《古史辨》，頁 383），尚可自經典中獨立出來，為後世研究各代《詩經》學之資料。

> 子曰：其身正，不令而行；其身不正，雖令不從。（〈子路〉）
>
> 子曰：苟正其身矣，於從政乎何有？不能正其身，如正人何？（〈子路〉）

「子帥以正」，「其身正」，「苟正其身」的正，均是指正當、好的行為，即是「為政以德」的德。「子欲善」，是近於德。「孰敢不正」，「民善矣」，「不令而行」等，是說德治的結果。如與法家的法治思想相對照，孔子的德治思想是屬於人治的思想。而為政與道德的密切結合，人治重於法治的理論色彩，均可在《詩經》雅頌篇中找到一脈相承的內涵，詩云：

> 肆戎疾不殄，烈假不瑕。不聞亦式，不諫亦人。
> 肆成人有德，小子有造。古之人無斁，譽髦斯士。（〈大雅・思齊〉）
>
> 抑抑威儀，維德之隅。人亦有言：靡哲不愚。庶人之愚，亦職維疾；哲人之愚，亦維斯戾。
>
> 無競維人，四方其訓之；有覺德行，四國順之。訏謨定命，遠猶辰告。敬慎威儀，維民之則。（〈大雅・抑〉）
>
> 無競維人，四方其訓之；不顯維德，百辟其刑之。（〈周頌・烈文〉）

「肆成人有德，小子有造」，「無競維人，四方其訓之」，「有覺德行，四國順之」，「不顯維德，百辟其刑之」，豈非「子帥以正，孰敢不正」，「子欲善，而民善矣」，「其身正，不令而行」，「苟正其身矣，於從政乎何有」的另一種表達方式？其中對人君之德的要求，以人君之德為民表率，進而達到風行草偃，化善成俗的政治成效，均是相同的，它們透過孔子對周文的反省，而被進一步地闡揚、確立下來。

論述本文，是希望經由雅頌中德治思想內容的探討，藉以明瞭德治思想在孔子之前的階段，是如何展現在周文化中？其發生的原因、價值與地位為何？子曰：「周監於二代，郁郁乎文哉！吾從周。」（《論語・八佾》）周文的燦然大備，與德治思想在歷史上的遞嬗之跡，相信可自雅頌中尋得可貴的答案。

本文以雅頌為研究的範圍，但是論述的題材以關乎周室的內容為限，魯頌中關於魯侯國的部分，與商頌中關於殷商史事的部分，則不另加討論。

本文之撰寫方法兼具義理闡發與考證辨析，並多次運用量化的處理方式，編列附表，以比較某一人物的特殊性與重要性，或某一觀念特具的意義

與作用，時以歸結所得的數據作爲支持本文理論的佐證，希望能使研究的結果獲得更明確的清晰度與合理依據。

第二章　釋德治

第一節　形成德治思想的歷史背景

　　中國上古時代政治、社會組織逐漸趨於完備、定型，是在西周宗法和封建制度成立以後。由於殷商時期的國家組織仍是相當鬆散，社會是以氏族部落為單位，各自成為一個獨立系統，商王雖是各國的共主，但是王室與諸侯之間只是同盟的關係，而非從屬的統治關係。再就其精神文化言，當時的人民還處在巫術與庶物崇拜的時代，尚鬼敬神的信仰，使得殷人凡事都要取決於占卜。但是在周人取代殷人為天下的共主之後，這一切都有了明顯的改變。周人強烈的現實性格，使得他們將眼光從鬼神的世界轉向人間，在重視人間問題的解決與人力自我的要求下，而使周代的文化自神權色彩中脫穎而出，迸發人文精神的光輝。《禮記・表記》上說：「殷人尊神，率民以事神，先鬼而後禮。……周人尊禮尚施，事鬼敬神而遠之。」充分說明殷周思想文化上的差異，周人「尊禮尚施，事鬼敬神而遠之」的態度，正是側重現實人事的表徵。尚書洪範篇云：「汝則有大疑，謀及乃心，謀及卿士，謀及庶人，謀及卜筮。」這個次序，也顯示出周人「先盡人事，而後聽天命」的重要意義。

　　由於周人注重現實的人世，文化的風貌自然迥異於殷商時代，具體表現在周文化中之犖犖大者，王國維於〈殷周制度論〉中云：

中國政治與文化之變革，莫劇於殷周之際。……殷周間之大變革，
自其表言之，不過一姓一家之興亡與都邑之轉移；自其裡言之，則
舊制度廢而新制度興，舊文化廢而新文化興。又自其表言之，則古
聖人之所以取天下及所以守之者，若無以異於後世之帝王；而自其
裡言之，則其制度文物與其立制之本意，乃出於萬世治安之大
計。……欲觀周之所以定天下，必自其制度始矣。周人制度之大異
於商者，一曰立子立嫡之制，由是而生宗法及喪服之制，并由是而
有封建子弟之制，君天子臣諸侯之制。二曰廟數之制。三曰同姓不
婚之制。此數者，皆周之所以綱紀天下，其旨則在納上下於道德，
而合天子諸侯卿大夫士庶民以成一道德之團體。〔註1〕

王國維的說法受到一些後來學者的批評，〔註2〕被批評的理由在於周代的制度
並非前無所承地忽然發生，商周之際，是一個文化系統的繼續發展。孔子說：
「殷因於夏禮，所損益可知也；周因於殷禮，所損益可知也。」（《論語‧爲
政》）此話經由學者將殷墟卜辭與周代的文獻做過比較研究之後，已獲肯定，
周文禮樂之盛，是站在夏商兩代的文化基礎上繼續前進的。

　　但是王國維的論點仍然值得重視，他指出的「立子立嫡之制，由是而生
宗法及喪服之制，并由是而有封建子弟之制，君天子臣諸侯之制。」的確是
周代揮別原始巫術禮儀文化與氏族統治體系，進入人文禮治體系的重要指
標。因爲商朝王位繼統之法，是父死子繼與兄終弟及兩制並用，嫡子之制尚
未完全建立，這要到西周以後才告完成。茲列商朝諸帝繼位表如下：

〔註1〕 王國維：《觀堂集林》，卷十。
〔註2〕 陳夢家於〈殷周制度論的批判〉有詳細的論述，請參閱《殷虛卜辭綜述》、頁
　　　　629～631。

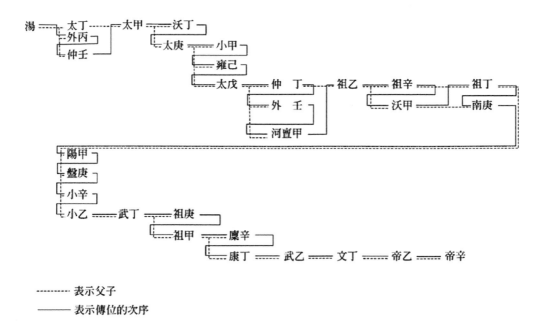

‥‥‥‥　表示父子

───　表示傳位的次序

由上表可知，商在成湯以後，是父死子繼與兄終弟及兩制並用；傳兄之子與傳弟之子並行。但是在武乙以後，至于帝辛，四世都是父子相傳，不再兄弟共權，這種現象顯然與武乙以前不同，此中消息，李宗侗先生云：「這正是由兄弟共權而漸向長子繼承制的改變。固然吾人現尚不知道繼立者是否必須長子。」〔註3〕而周代自文王以後，王位由父子相傳，一世只立一君，不再施行兄弟共權。其世系表如下：

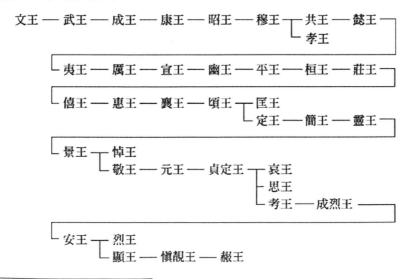

〔註 3〕李宗侗：《中國古代社會史》，頁 133～134。

從文王到赧王共三十二世，三十八王，父子相繼者有三十二王，非父子相繼者只有孝王、定王、敬王、思王、考王、顯王六王。此六王非照常例以父子相繼者，多因為當時周室有亂爭之故。〔註4〕因此以正規繼位的三十二王來看，周代的繼統法確是實施立子立嫡之制。

嫡庶之制建立以後，周人進而將血緣關係所建構而成的宗法制度，擴充到政治範圍，而建立封建制度。自此以後，中國上古的政治、社會即起了本質上的轉變，此時的邦國已不是渾如一體，僅具同盟關係的氏族集團；周天子身兼宗法體系與政治體系的領袖，統治者以異族而立於統治地位，宗法制度代替了氏族組織。西周以後，氏族社會便落幕了，繼之而起的是宗法社會。

宗法的觀念始於何時？無從確知。但是在殷代的祭祀中已略有形跡可尋，陳夢家云：

> 宗法的產生由於祭祀，……殷代的大小宗不同於周制，但並非沒有宗法。……殷人不是漫無標準的遍祀其先，周祭制度〔註5〕證明只有一定的先王先妣可以參加正式的周祭。親疏尊卑的差等，是存在的。旁系先王及其配偶不能享受直系的待遇。這種祭祀上的差等，正是宗法的具體表現。〔註6〕

雖然殷代已有宗法事實的存在（且與周制不同），但是宗法制度運用到政治體系，以行封建，卻是創自周人。〔註7〕宗法在一義上是宗廟祭祀之法，宗為祖廟，主祭者為宗子，即嫡長子。長子為大宗，別子為小宗，《禮記·喪服小記》上云：「別子為祖，繼別為宗。」別子是指長子以外的餘子，獨立

〔註4〕 李宗侗《中國古代社會史》云：「即位非照常例，當時皆有亂爭，……景王卒時，周室方亂，子朝與悼、敬爭立，悼王年幼，想必無子，故不得不立其母弟丐……否則無以敵子朝，其事載于周本紀及左傳甚明。至于思考兩王，周本紀明說：『弟叔襲殺哀王而自立，是為思王。思王立五月，少弟嵬攻殺思王而自立，是為考王。』則此三王之立皆由於亂時，而非常例也。懿王崩，不立其子，反由其叔父孝王立，觀孝王崩，諸侯復立懿王太子，是為夷王，其間想必有爭立之事而史失載。」（頁136～137）

〔註5〕 周祭是指商代對先王妣一種有次序的祭祀體系，其次序包含五種：（一）長幼，（二）及位次序，（三）死亡次序，（四）致祭次序，（五）世次。請參陳夢家《殷虛卜辭綜述》第十一章。

〔註6〕 陳夢家：《殷虛卜辭綜述》，頁631。

〔註7〕 周代宗法的詳細情形，今無法詳考，後人多只能根據《禮記》的〈喪服小記〉，及〈大傳〉的簡單記載，推究其概況。

自成一個宗，與長子分別，所以名爲別子。因爲他成了獨立支系的大家長，所以也成爲其宗之祖。

宗法制度的政治化就是封建制度。封建之義，即所謂「封建親戚，以蕃屏周」（《左傳》僖公二十四年）。在武王克商、與周公東征之後，周人便在全國的要衝建立據點，將姬姓諸侯分封出去，[註8] 以衞周室。而在政治體系上的諸侯，同時也就是宗法體系上分支出來的宗主。試以圖例爲證：

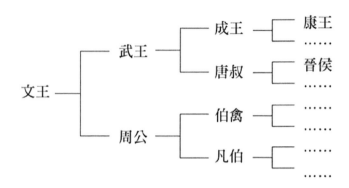

表中武王、成王，都是天子，並且也是姬姓大宗的宗主；周公、唐叔，都是諸侯，地位低於天子，同時也是姬姓分出來的小宗宗主。周公、唐叔既分以後，伯禽、晉侯就各自獨立成了「百世不遷者，別子之後也」（《禮記・大傳》），他們可以視爲獨立的大宗，其又可分出小宗，小宗又分小宗，如此綿延推衍下去，愈分愈多。據是以論，凡是在政治體系上的首領，從天子下至大夫，都是宗法制度上大宗或小宗的宗主。如是，嫡長子之制，宗法之制，封建之制，其實都是在一個脈絡上的不同切面，也只有在認識周代社會這個特殊背景之後，才能了解何以孟子說：「天下之本在國，國之本在家。」（《孟子・離婁上》）的意義。周人即是以這套血緣與政治、宗法與封建繁密交織而成的制度，改寫了中國上古的歷史。

〔註 8〕 周初約分封七十餘國，姬姓之國五十幾，其餘是姻親或是古代聖賢的後裔。《荀子・儒效篇》云：「立國七十一，姬姓五十三。」一說同姓諸侯有五十五，《左傳》昭公二十八年成鱄云：「其兄弟之國者十有五人，姬姓之國者四十八人。」合爲五十五。

第二節　德治思想的確立

一、德治思想的出現

　　相應於周代宗法、封建制度與重視人世努力的理念所產生的政治內涵，就是德治思想。也就是說，德治思想興起於周初的主要契機，是在政治秩序的維護與政權的轉移上。由於需要維護政治秩序，於是發展宗法與封建制度；由於需要肯定政權轉移的合理性，於是發展天命思想。

　　如上節所述，封建制度的骨幹就是宗法制度，宗法雖是由嫡庶、親疏、長幼以決定身份的高低，其基本的精神則是在親親與尊尊之義，《禮記‧大傳》云：

> 上治祖禰，尊尊也。下治子孫，親親也。旁治昆弟，合族以食，序以昭穆，別之以禮義，人道竭矣。君有合族之道，族人不得以其戚戚君位也。

> 是故人道，親親也。親親故尊祖，尊祖故敬宗，敬宗故收族，收族故宗廟嚴，宗廟嚴故重社稷，重社稷故愛百姓，愛百姓故刑罰中，刑罰中則庶民安。

由尊祖敬宗收族而言，每一組成份子皆由血統所連貫，以形成感情的團結，此之謂「親親」。由每一組成份子有所尊，有所主，以形成統屬的系統而言，此之謂「尊尊」，即「族人不得以其戚戚君位也」之意，孔穎達正義謂：「皆不得以父兄子弟之親，上親君位也。……是尊君也。」由是，天子以至大夫士的上下關係，不是直接通過政治的權威來控制，而是以親親、尊尊之義來加以維持，此不僅大大緩和政治上下關係尖銳的對立性，也由此逐漸達到「溥天之下，莫非王土；率土之濱，莫非王臣」（〈小雅‧北山〉）的目的。自此，方了解到詩云：「因心則友，則友其兄，則篤其慶，載錫之光，受祿無喪，奄有四方。」（〈大雅‧皇矣〉），「刑于寡妻，至于兄弟，以御于家邦。」（〈大雅‧思齊〉）何以會以「家」的倫理性對待，諸如孝弟友愛的倫理性行為為基底，而可以「奄有四方」，「以御于家邦」來治理國政；也才了解到何以周人對君王品行的修持，會一再發出極高的道德要求，《尚書‧康誥》云：「嗚呼！封。敬哉！無作怨，勿用非謀非彝蔽時忱，丕則敏德。用康乃心，顧乃德，遠乃

猷裕，乃以民寧，不汝瑕殄。」此篇乃康叔被封於康時，武王告康之語，叮嚀反覆，無非是要康叔敬修其德。《詩經·周頌·敬之》云：

> 敬之敬之，天維顯思。命不易哉！無曰：高高在上。陟降厥士，日監在茲。維予小子，不聰敬止。日就月將，學有緝熙于光明。佛時仔肩，示我顯德行。

此是周之嗣王自戒自勵之辭，其敬慎警惕之心，溢於言表。又如〈大雅·板〉詩云：

> 价人維藩，大師維垣，大邦維屏，大宗維翰。懷德維寧，宗子維城。無俾城壞，無獨斯畏。

這種對於君王諸侯再三發出道德要求的現象，實肇源於周室將君統與宗統緊密扣合的緣故。

其次，德治思想的出現，與政權轉移的合理性有極其密切的關係，而政權轉移的問題又帶出天命思想。周人取代殷商之後，為了確保周室政權的穩固，必須發展一套合理的理論，以服天下萬民之心，於是中國歷史上首次出現天命有德之君的思想，毛公鼎云：「丕顯文武，皇天弘猒厥德，配我有周，雁受天命。」言文武有德，故受天命。《尚書·康誥》云：「惟乃丕顯考文王，克明德慎罰，……惟時怙，冒聞于上帝，帝休。天乃大命文王，殪戎殷，誕受厥命。」此亦言文王能明德慎罰，而天乃大命文王。如是，王位的轉移，不決定在天，而決定在人，君德的修持，人事的努力，成為得受天命的主要關鍵，故《詩經·大雅·皇矣》云：

> 皇矣上帝，臨下有赫；監觀四方，求民之莫。維此二國，其政不獲；維彼四國，爰究爰度。上帝耆之，憎其式廓。乃眷西顧，此維與宅。

可見周人之為上帝所眷寵，乃是因其政事較夏商二國為「獲」（獲，鄭玄云：「得也。」得民心之謂。）而其「式廓」（式廓，孔疏謂：「用大位行大政，得肆其淫虐，殘害下民。」）又不似桀紂之可憎。也就是說，天僅授命給能使百姓安定之君，如是，德治的要求，即刻顯現，政權轉移的合理性，即以君王實行德治與否為依歸，於是德治思想成為西周王權發展上新興的理念。（天命思想與德治的關係，將於第三章第三節中有更詳細的論述。）

二、周文獻中所見的「德」字

德治思想確立於周初的另一個佐證，是「卜辭和殷人的彝銘中沒有德字」。
〔註9〕這點饒宗頤先生則持相反的看法，其言云：

> 「德」字原已見於殷卜辭。新定本甲骨文編重定「𢖵」及「𢖵」爲
> 德字，蓋據羅振玉說，謂借爲得失字。甲骨刻辭所見習語像「㞷（有）
> 德」，「亡德」，讀爲有得、亡得，似無不可。卜辭如「庚辰卜王貞，
> 朕德。夸六月」。這德字从行；夸字下从方，可以釋爲旁字，旁義爲
> 「溥」（《說文》）、爲「大」（《廣雅》），此辭讀爲「朕德溥」，亦自可
> 通。〈盤庚〉三篇，屢見「德」字，如荒德、爽德、凶德，皆違背德
> 的反面語。而實德、積德、敷民德，則是對「德」的肯定；又說上
> 帝將恢復高祖之德，把德推到先王之上，顯然和周人恆言「型先文
> 祖共明德」一類辭句正是銜接的。而〈高宗肜日〉言「若德」、「正
> 厥德」，和盂鼎的「正德」，毛公鼎的「先王若德」，亦是相同的成語。
> 德的觀念在殷代應該出現，我們實在沒有理由加以否認的。〔註10〕

以上是饒宗頤先生對殷商卜辭「𢖵」字的意見。此外李孝定先生於《甲骨文
字集釋》釋「循」下的論點，也值得重視，其言云：

> 按《說文》「循，行順也。……从彳盾聲。」契文作𢓊，羅（按：
> 指羅振玉）釋德。然金文德字均从心，作契文𢓊字，無慮數十百見，
> 無一从心者，可證二者實非一字。且釋德於卜辭辭例亦不可通。……
> 葉君（按：指葉玉森）釋循，於字形辭義均優，有可說。按說文「盾，
> 瞂也，所以扞身蔽目，象形。」小徐《繫傳》「象形」之下有「厂聲」
> 二字。沈濤古本考亦宗小徐說。若然，則盾字从百，象形，契文𢓊
> 字即从彳𡳿（盾）聲。或謂厂聲二字乃衍文，則𢓊字亦可解爲从彳
> 盾省聲也。卜辭言循伐者，言以兵威撫循之。……單言循，或言循
> 某方者，則行巡視之義也。〔註11〕

〔註9〕 郭沫若：《青銅時代》，頁336。
〔註10〕〈天神觀與道德思想〉，《中央研究院歷史語言研究所集刊》，四十九本，第一
　　　　分，頁80。
〔註11〕《甲骨文字集釋》第二，頁567～569。

如李氏所云，卜辭中的 〔甲骨字〕（《鐵雲藏龜》五五，四）、〔甲骨字〕（《鐵雲藏龜》一六三，二）、〔甲骨字〕（《殷虛文字甲編》二三〇四）諸字，應釋爲「循」字。再者，甲文中的「〔甲骨字〕」字多作動詞用，其下加方國之名或地名，如「丁未卜王貞余亩循」（《鐵雲藏龜拾遺》五、一），「庚申卜爭貞王循土方」（京都大學人文科學研究所藏甲骨文字八八五），若將「循」字解爲「德」字，其義似不可通。即如饒宗頤先生所舉的「庚辰卜王貞，朕德。旁六月」的「德」字，如視爲「循」字，辭義亦較「德」字爲佳；如將「朕德溥」解爲「朕德溥」，何以「旁」字上斷句？而「旁」字下又接「六月」？是故「〔甲骨字〕」字宜從李氏之說釋爲「循」字。

至於饒氏所舉〈盤庚〉、〈高宗肜日〉中有關德字的例證，由於這兩篇的確切年代仍屬可疑，屈萬里先生云：「本篇（指〈盤庚〉）雖佶屈聱牙，然決非盤庚時之作品。……蓋盤庚之名，乃其後人所命，而非在世時之稱……。盤庚、武丁、文武丁……等近於諡號之名，始於殷代晚葉。然則本篇蓋殷末人（甚至宋人）述古之作也。又中篇言：『殷降大虐』。爾時尙未遷殷，已用殷之名號；是必後人以其習慣之稱謂，而誤加之於古昔者。」〔註12〕又，〈高宗肜日〉篇下云：「武丁之稱高宗，疑至早亦不前於殷代末葉；……以文辭觀之，本篇之著成，亦當在〈盤庚〉三篇之後。」〔註13〕依屈萬里先生的推論，這兩篇的著成時代約在殷代末葉，甚至是宋人的述古之作，這已非常接近我們認爲德治思想興起的時代。〔註14〕

周代以後，德字即大量出現，無論是金文、或是典籍中關於德字的記載，不勝枚舉。茲列舉有關德字的資料如下：

〔註12〕屈萬里：《尚書釋義》，頁 70～71。
〔註13〕屈萬里：《尚書釋義》，頁 84。
〔註14〕雖然卜辭和殷人彝銘沒有德字的記載，並非就表示殷人的文化沒有德治的內涵；我們比較周之文獻出現大量的德字，與殷之卜辭彝銘沒有德字的目的是要強調：德治思想是周人在自覺的意識下特爲重視，發展的爲政理念，它是到周初才「興起」的政治思想。

（一）《金文》所見德字略表

編號	金 文	出 處
1	今我隹即井稟于玟王正德。	〈大盂鼎〉〔註15〕
2	今余隹令女盂譽敪芍酯德巠，敏朝夕入讕。	〈大盂鼎〉〔註16〕
3	不顯文武，皇天弘猒氒德，配我有周，雁受大命。	〈毛公鼎〉〔註17〕
4	告余先王若德，用印邵皇天，龤圉大命。	〈毛公鼎〉〔註18〕
5	肇帥井先文且，共明德，秉威儀，用龤圉奠保我邦我家。	〈叔向父殷〉〔註19〕
6	不顯皇且考穆穆克誓氒德，嚴才上，廣啓氒孫子于下，勵于大般。	〈番生殷〉〔註20〕
7	番生不敢弗帥井皇且考不不元德，用龤圉大令，粤王立，虔夙夜專求不㬅德。	〈番生殷〉〔註21〕
8	覡盅文且皇考，克誓氒德。貢屯用魯，永冬于吉。	〈井人妄鐘〉〔註22〕
9	妄不敢弗帥用文且皇考穆穆秉德。	〈井人妄鐘〉〔註23〕
10	唯用妥福，唯前文人秉德共屯。	〈善鼎〉〔註24〕
11	小子師望曰：不顯皇考寅公，穆穆克盟氒心，惄氒德，用辟于先王，髳屯亡敃。	〈師望鼎〉〔註25〕
12	肇對元德，孝友隹井。	〈曆鼎〉〔註26〕

〔註15〕郭沫若：《兩周金文辭大系考釋》，頁34。
〔註16〕郭沫若：《兩周金文辭大系考釋》，頁34。
〔註17〕郭沫若：《兩周金文辭大系考釋》，頁134。
〔註18〕郭沫若：《兩周金文辭大系考釋》，頁134～135。
〔註19〕郭沫若：《兩周金文辭大系考釋》，頁132。
〔註20〕郭沫若：《兩周金文辭大系考釋》，133。
〔註21〕郭沫若：《兩周金文辭大系考釋》，133。
〔註22〕上海博物館編：《上海博物館藏青銅器》，61作「邢人妄鐘」。又見郭沫若：《兩周金文辭大系考釋》，頁149～150。
〔註23〕上海博物館編：《上海博物館藏青銅器》，61。又見郭沫若：《兩周金文辭大系考釋》，頁150。
〔註24〕劉體智：《小校經閣金石文字》（一），卷三，頁474。
〔註25〕郭沫若：《兩周金文辭大系考釋》，頁80。
〔註26〕羅振玉：《三代吉金文存》卷三，頁349。

（二）《易經》所見德字略表

編號	易　　經	篇　名
1	食舊德，貞厲終吉。	〈訟卦〉六三
2	不恆其德，或承之羞，貞吝。	〈恆卦〉九三
3	恆其德，貞婦人吉，夫子凶。	〈恆卦〉六五
4	有孚惠心勿問，元吉，有孚惠，我德。	〈小畜卦〉上九

（三）《尚書》所見德字略表

編號	尚　書　文	篇　名
1	人無有比德，惟皇作極。	〈洪範〉
2	今天動威，以彰周公之德。	〈金縢〉
3	惟乃丕顯考文王，克明德慎罰。	〈康誥〉
4	未其有若汝封之心；朕心朕德惟乃知。	〈康誥〉
5	惟天惟虐，大放王命；乃非德用乂。	〈康誥〉
6	我時其惟殷先王德，用康乂民作求。	〈康誥〉
7	用康乃心，顧乃德，遠乃猷裕，乃以民寧，不汝瑕殄。	〈康誥〉
8	天喪威，我民用大亂喪德。	〈酒誥〉
9	爾克求觀省，作稽中德。	〈酒誥〉
10	茲亦惟天若元德，永不忘在王家。	〈酒誥〉
11	迪畏天，顯小民，經德秉哲。	〈酒誥〉
12	先王既勤用明德，懷為夾。	〈梓材〉
13	亦既用明德，后式典集，庶邦丕享。	〈梓材〉
14	肆王惟德用，和懌先後迷民。	〈梓材〉
15	天亦哀于四方民，其眷命用懋，王其疾敬德。	〈召誥〉
16	王敬作所，不可不敬德。	〈召誥〉
17	公稱丕顯德，以予小子，揚文武烈。	〈洛誥〉
18	惟天不畀不明厥德；凡四方小大邦喪，罔非有辭于罰。	〈多士〉
19	非我一人奉德不康寧，時惟天命。	〈多士〉
20	無若殷王受之迷亂，酗于酒德哉！	〈無逸〉
21	其汝克敬德，明我俊民，在讓後人于丕時。	〈君奭〉
22	爾尚不忌于凶德，亦則以穆穆在乃位。	〈多方〉
23	籲俊尊上帝，迪知忱恂于九德之行。	〈立政〉
24	德威惟畏，德明惟明。	〈呂刑〉
25	丕顯文武，克慎明德，昭升于上，敷聞在下。	〈文侯之命〉

（四）《詩經》所見德字表

編號	詩　　　經	篇　名
1	乃如之人兮，德音無良。	〈邶風・日月〉
2	百爾君子，不知德行。	〈邶風・雄雉〉
3	德音莫違，及爾同死。	〈邶風・谷風〉
4	既阻我德，賈用不售。	〈邶風・谷風〉
5	士也罔極，二三其德。	〈衛風・氓〉
6	彼美孟姜，德音不忘。	〈鄭風・有女同車〉
7	三歲貫汝，莫我肯德。	〈魏風・碩鼠〉
8	厭厭良人，秩秩德音。	〈唐風・小戎〉
9	公孫碩膚，德音不瑕。	〈豳風・狼跋〉
10	我有嘉賓，德音孔昭。	〈小雅・鹿鳴〉
11	民之失德，乾餱以愆。	〈小雅・伐木〉
12	群黎百姓，徧爲爾德。	〈小雅・天保〉
13	樂只君子，德音不已。	〈小雅・南山有臺〉
14	樂只君子，德音是茂。	〈小雅・南山有臺〉
15	其德不爽，壽考不忘。	〈小雅・蓼蕭〉
16	宜兄宜弟，令德壽豈。	〈小雅・蓼蕭〉
17	顯允君子，莫不令德。	〈小雅・湛露〉
18	浩浩昊天，不駿其德。	〈小雅・雨無正〉
19	忘我大德，思我小怨。	〈小雅・谷風〉
20	欲報之德，昊天罔極。	〈小雅・蓼莪〉
21	淑人君子，其德不回。	〈小雅・鼓鐘〉
22	淑人君子，其德不猶。	〈小雅・鼓鐘〉
23	匪飢匪渴，德音來括。	〈小雅・車舝〉
24	辰彼碩女，令德來教。	〈小雅・車舝〉
25	雖無德與女，式歌且舞。	〈小雅・車舝〉
26	醉而不出，是謂伐德。	〈小雅・賓之初筵〉
27	既見君子，德音孔膠。	〈小雅・隰桑〉
28	之子無良，二三其德。	〈小雅・白華〉
29	無念爾祖，聿修厥德。	〈大雅・文王〉
30	曰嬪于京，乃及王季，維德之行。	〈大雅・大明〉
31	聿懷多福，厥德不回，以受方國。	〈大雅・大明〉
32	肆成人有德，小子有造。	〈大雅・思齊〉
33	帝遷明德，串夷載路。	〈大雅・皇矣〉
34	貊其德音，其德克明。	〈大雅・皇矣〉

35	比于文王，其德靡悔。	〈大雅・皇矣〉
36	帝謂文王，予懷明德。	〈大雅・皇矣〉
37	王配于京，世德作求。	〈大雅・下武〉
38	媚茲一人，應侯順德。	〈大雅・下武〉
39	既醉以酒，既飽以德。	〈大雅・既醉〉
40	假樂君子，顯顯令德。	〈大雅・假樂〉
41	威儀抑抑，德音秩秩。	〈大雅・假樂〉
42	有馮有翼，有孝有德，以引以翼。	〈大雅・卷阿〉
43	敬慎威儀，以近有德。	〈大雅・民勞〉
44	懷德維寧，宗子維城。	〈大雅・板〉
45	天降滔德，女興是力。	〈大雅・蕩〉
46	女炰烋于中國，斂怨以為德。	〈大雅・蕩〉
47	不明爾德，時無背無側。	〈大雅・蕩〉
48	爾德不明，以無陪無卿。	〈大雅・蕩〉
49	抑抑威儀，維德之隅。	〈大雅・抑〉
50	有覺德行，四國順之。	〈大雅・抑〉
51	顛覆厥德，荒湛于酒。	〈大雅・抑〉
52	無言不讎，無德不報。	〈大雅・抑〉
53	辟爾維德，俾臧俾嘉。	〈大雅・抑〉
54	溫溫恭人，維德之基。	〈大雅・抑〉
55	其維哲人，告之話言，順德之行。	〈大雅・抑〉
56	回遹其德，俾民大棘。	〈大雅・抑〉
57	申伯之德，柔惠且直。	〈大雅・崧高〉
58	民之秉彝，好是懿德。	〈大雅・烝民〉
59	仲山甫之德，柔嘉維則。	〈大雅・烝民〉
60	人亦有言，德輶如毛。	〈大雅・烝民〉
61	矢其文德，洽此四國。	〈大雅・江漢〉
62	濟濟多士，秉文之德，對越在天。	〈周頌・清廟〉
63	於乎不顯，文王之德之純。	〈周頌・維天之命〉
64	不顯維德，百辟其刑之，於乎前王不忘。	〈周頌・烈文〉
65	我求懿德，肆于時夏，允王保之。	〈周頌・時邁〉
66	佛時仔肩，示我顯德行。	〈周頌・敬之〉
67	穆穆魯侯，敬明其德。	〈魯頌・泮水〉
68	明明魯侯，克明其德。	〈魯頌・泮水〉
69	濟濟多士，克廣德心。	〈魯頌・泮水〉
70	赫赫姜嫄，其德不回。	〈魯頌・閟宮〉

從表中的材料，可以得到幾點結論：

（一）單一個德字出現的時候，有三種意思：（1）當美德解，如「番生敦」：「穆穆克誓乓德」的「德」；《尙書·金縢》：「以彰周公之德」的「德」；《詩經·大雅·文王》：「聿脩厥德」的「德」，均爲美德的意思。（2）當行爲解：如《尙書·康誥》：「朕心朕德惟乃知」的「德」，「用康乃心，顧乃德」的「德」，此中的「心」與「德」對舉，知「德」應作行爲解。（3）當惠解：如《尙書·康誥》：「乃非德用乂」的「德」；《詩經·小雅·蓼莪》：「欲報之德，昊天罔極」的「德」均作恩惠解。三者的差別在於：當美德解的德字，其義是傾向一種圓滿人格的意義；當具體行爲解的德字，則不具有善惡好壞的價值意義；當恩惠解的德字，其善是傾向一種給予性的意義。

（二）德字以複詞出現的時侯，多指的是一種有意識的行爲，這點從分析德之本字「悳」的字形爲「從直從心」來看，是可以成立的。但是作爲「有意識的行爲」的德，並不帶有好壞的價值意味，唯有在德之上加一正面或負面的意義時，才有善惡之分。如金文有「正德」、「雍德」、「明德」，《尙書》中有「中德」、「元德」、「敬德」，《詩經》中有「令德」、「懿德」、「文德」之類，是表示德之美者；亦有表示德之惡者，如《尙書》中的「喪德」、「凶德」、「比德」，《詩經》中的「慆德」等，均指不好的行爲。

（三）《易經》與《詩經》中的德字，多作爲善行的意思，不若《尙書》中德義的駁雜，這可能是德義後來慢慢演進成爲善行之專名的痕跡。

（四）上述的德義，多就外在的行爲立論，尙未內在化爲人心的作用，即作爲「德性」之德。明確以人內在的德性言德，是到孔子以後才成立的，如《論語》云：「志於道，據於德，依於仁，游於藝。」（〈述而〉），「有德者必有言，有言者不必有德。」（〈憲問〉），「君子懷德，小人懷土。」（〈里仁〉）等，此中的德均是就人性內在的作用而言。

（五）周文獻中的德字，除了《詩經》國風的部份，與部分《易經》的例子以外，多是出現在有關政治的範圍，其內容主要是強調一種政治主張，即爲政者需修正其身，以行善德，方能平治天下。如《尙書·梓材》云：「先王既勤用明德，懷爲夾，庶邦享作，兄弟方來；亦既用明德，后式典集，庶邦丕享。」「肆王惟德用，和懌先後迷民。」〈康誥〉云：「爽惟民，迪吉康。我時惟殷先哲王德，用康乂民作求。「叔向鼎」云：「余小子嗣朕皇考，肇帥井先文且，共明德，秉威儀，用﹝貊﹞奠保我邦我家。」「毛公鼎」云：「告余

先王若德，用卲邵皇天，龘圝大命，康能四國。《詩經‧大雅‧下武》云：「媚茲一人，應侯順德。永言孝思，昭哉嗣服。」《周頌‧時邁》云：「載戢干戈，載櫜弓矢，我求懿德，肆于時夏，允王保之。」這樣的主題，一再出現於周文獻中，則所謂「德治思想」，是指爲政者以其善惠的行爲來從事政治活動，以建立安定的社會秩序之政治主張。

第三節　雅頌之德治思想於周文化中的重要性

　　《詩經》與其他周文獻一般，均呈現相當豐富的關於德治思想的材料，但是《詩經》較其他文獻尤爲特出者，是因爲：

　　（一）就研究周文化的政治材料而言，其可信度甚高：《史記‧秦始皇本紀》三十四年云：「非博士官所職，天下敢有藏詩書百家語者，悉詣守尉雜燒之。」（卷六）秦統一天下後，爲求定於一尊，深恐戰國諸子百家縱橫家之言，殽亂當世，迷惑黔首，因此下令焚書，這一場文化的浩劫，造成先秦諸書種種眞僞考辨的複雜問題，而《詩經》卻能「遭秦而全者，以其諷誦，不獨在竹帛故也。」〔註22〕由於《詩經》是韻文作品，易於諷誦，秦始皇雖能燔滅天下典籍，卻無法抹去天下士人的記憶，因此《詩經》保留較完整的原貌。梁啓超在《要籍解題及其讀法》一書中說：「現存先秦古籍，眞膺雜糅，幾乎無一書無問題；其精金美玉，字字可信可寶者，『詩經』其首也」。因此，就研究周文化的材料而言，《詩經》的可信度幾乎無庸置疑。

　　（二）就政治訊息而言，《詩經》容納了反對的聲音：《詩經》優於《易經》、《尚書》、金文的地方，是它內容的涵蓋面甚廣，上自天子，下至庶人，各階層的生活樣態、思想觀點都收納在《詩經》裡面。《易經》、《尚書》、金文則不然，《易經》是卜筮之書；周書各篇，大部分是政府的檔案；而青銅器銘文製造的目的，是前人將認爲有意義的事，鑄文作爲實錄，以爲後世子孫留念，所以每件青銅器銘文最後多有「萬年子子孫孫永寶用」之語，因此，它有關政治的內容，也多屬頌揚的性質，聽不到另一種聲音。《詩經》則不然，當周室綱紀淪喪，天下紛然殽亂之時，當時的貴族、士大夫、甚至黎民百姓，便會產生不平之鳴，進而提出他們的控訴，要求改革，如

〔註22〕班固：《漢書藝文志‧六藝略》，卷三十。

> 有兔爰爰，雉離于羅，我生之初，尚無爲。我生之後，逢此百罹，
> 尚寐無吪。(〈王風・有兔〉)

> 擊鼓其鏜，踊躍用兵，土國城漕，我獨南行。
> 從孫子仲，平陳與宋，不我以歸，憂心有忡。
> 爰居爰處，爰喪其馬，于以求之，于林之下。
> 死生契闊，與子成說，執子之手，與子偕老。
> 于嗟闊兮，不我活兮，于嗟洵兮，不我信兮。(〈邶風・擊鼓〉)

在這種時際喪亂、災禍頻仍的狀況下，人民有的發出生不逢時的哀感，有的怨恨戰爭的悲苦，征人原與妻子相誓偕老，而今竟不可得，在回憶往日甜美的歲月，與今日戍守不歸的困厄對比之下，其悲憤痛苦之情，使我們彷彿還能聽到那古老而深沈的嘆息。而有識有感的貴族文人面對雜亂而破碎的社會，不只是抒發悲痛憂慘的情緒而已，更提出強烈的批評與深刻的反省：

> 正月繁霜，我心憂傷。民之訛言，亦孔之將。念我獨兮，憂心京京。
> 哀我小心，癙憂以痒。
> 父母生我，胡俾我瘉。不自我先，不自我後。好言自口，莠言自口。
> 憂心愈愈，是以有侮。
> 憂心惸惸，念我無祿。民之無辜，并其臣僕。哀我人斯，于何從祿？
> 瞻烏爰止，于誰之屋？(〈小雅・正月〉)

同樣是感歎生不逢時，遭遇喪亂，但雅詩中的詩人，除了陳露「憂心京京」的傷鬱之外，更反映出惑眾危國的原因，在於訛偽之言的流佈。在沒有平安保證的未來，一旦亡國，則無辜的百姓，豈非淪爲他國的臣僕？這重跳出己身的悲痛，放眼天下蒼生的關懷，與匹夫匹婦一往情深、自我哀憐的形影相較，又是一番不同的氣象。〈小雅・小旻〉詩對詩人蒿目時艱，慨然建言的心志，有更深刻的描繪：

> 國雖靡止，或聖或否。民雖靡膴，或哲或謀，或肅或艾。如彼泉流，
> 無淪胥以敗。
> 不敢暴虎，不敢馮河。人知其一，莫知其他。戰戰兢兢，如臨深淵，
> 如履薄冰。(〈小雅・小旻〉)

時局動蕩不安，人性也顯得複雜而詭譎，有的風骨依然，磊落光明；有的則

圖謀不軌，邪辟不仁。詩人高聲疾呼，那哲謀肅艾秀傑之人，勿讓應有的堅持與正義，消毀殆盡；臨謀而危，臨事而懼，再爲邦國鞠躬盡瘁。這其中表現出有識者對國事甚深的關切之情。

能這樣透發血淚交迸的生命，與淑世濟民的理想，進而對時政提出反省批評的輿論，在《易經》、《尚書》、金文的資料中是難覓的，而《詩經》正足以彌補《易經》、《尚書》、金文的缺憾，在官方較生硬的文獻之外，賦以眞實的生命，與實際生活的例證。這種來自反面的批評輿論，與執政者接受這些批評輿論，進而將之編入《詩經》之中，同樣是表現德治思想的另一種重要的側面──人民有言論的自由。

（三）就《詩經》的德治思想而言，它充分表現在雅頌之中：如上節所云，「德治」是指爲政者以善惠的行爲從事政治活動，因爲它是爲政者面對興衰成敗的歷史，經由深思熟慮而反省出來的政治理念，這種理念發現，歷史的興衰成敗，與爲政者的行爲有密切的關係，爲政者應擔負政治上的責任，德治即是由這種責任感而來的要求。故而它多半不是廣泛農村老百姓的感情對待所能反省到的思想，而是屬於貴族、士大夫階層的意識理念，因此《詩經》雅頌中一講歷史、文化、政治，便出現許多關於德治的觀念，這一點，從上一節出現德字的詳表亦可看出，國風出現的德字僅九次，雅頌中的詩篇則有六十二次之多，而且風詩中出現的德字多不重要，如〈邶風‧日月〉：「乃如之人兮，德音無良。」〈邶風‧谷風〉：「既阻我德，賈用不售。」〈鄭風‧有女同車〉：「彼美孟姜，德音不忘。」〈秦風‧小戎〉：「厭厭良人，秩秩德音。」此中的德字，多屬點綴的性質，〔註23〕這可能是貴族文人在潤飾風詩的過程中加入的。而雅頌中的德字，則具有重要的意義，如〈大雅‧皇矣〉：「維此王季，帝度其心，貊其德音，其德克明，克明克類，克長克君。」此中的德是王季「克長克君」的條件。〈大雅‧下武〉：「王配于京，世德作求。永言配命，成王之孚。」此中的德，是周室「永言配命」的條件。〈周頌‧時邁〉：「載戢干戈，載櫜弓矢。我求懿德，肆于時夏。」這是周族取代殷商之後，即刻放下武力，力求德治的重要理念。雅頌中的德字，不是關乎

〔註23〕如〈邶風‧日月〉第三章曰：「日出月諸，出自東方。乃如之人兮，德音無良。胡能有定？俾也可忘。」此中的「德音」，是對人之美辭，非眞有德之意。又如〈鄭風‧有女同車〉第二章亦然，詩云：「有女同行，顏如舜英。將翱將翔，佩玉將將。彼美孟將，德音不忘。」此中的「德音」也是稱美之辭，屬於修飾語，並不具有特別的涵義。

朝代的興廢,就是涉乎人格的成全,因此,就《詩經》的德治思想而言,它確實充分表現在雅頌之中。

第三章　雅頌中德治思想探究

　　本章所論，乃是分就歷史、社會、宗教各層面論述雅頌中的德治思想：首述「周初歷史與德治的建立」，歷述自后稷以至於武王的開國史蹟，從詩人詮釋史事、人物的角度與觀點，以見德治思想如何就歷史的層面建立而起。復就「社會批判與德治的要求」發論，從社會的層面以觀雅頌中知識份子之功能與角色，知識份子要求建立德治的原則，以及批判詩存在的意義。第三，從「天命思想與德治的關係」，說明德治的觀念如何昇入宗教的信仰中，又如何藉由宗教的力量穩定人間的秩序；並對天之信仰發展的歷程有詳細的論述。

第一節　周初歷史與德治的建立

　　周的勃興與發展歷史，記錄在《詩經》中，以大雅的〈生民〉、〈公劉〉、〈緜〉、〈皇矣〉、〈大明〉五篇爲主要的代表作品，〔註1〕這五篇詩從后稷、公劉、古公亶父、〔註2〕敘述到文王、武王，〈皇矣〉一篇兼述太伯、王季，〈大

〔註1〕大雅有敍述宣王時期的史蹟者，如〈崧高〉寫申伯封謝，召伯營謝之事；〈烝民〉寫仲山甫築城於齊之事；〈韓奕〉寫韓侯初立，承受王命之事；〈江漢〉寫召虎平定淮夷之事；〈常武〉寫宣王親征徐方之事，都是史詩片斷的佳構。但是本節時間限定在周初武王以前史事的探討，故武王之後者，闕而不論；且如必將雅頌中涉及周史的篇章，皆詳加討論，恐枝蔓繁蕪，只得割愛，待他日另外爲文補述。

〔註2〕屈萬里先生云：「公亶父，《史記·周本紀》稱他爲古公亶父，又簡稱爲古公。這當是誤解《詩·大雅·緜》『古公亶父』之語而定的名字。但『古』應當解作古昔；亶父才是名字。因爲他是封君，所以稱公亶父，就像公劉、公非、公季一樣。戴震的《九經古義》，已看到這點；崔述《豐鎬考信錄》卷一，說得

明〉則綜述王季、太任、文王、太姒與武王的事蹟。周朝的開國史,在這些
詩歌展開一個系統的線索。本節除以這幾篇做爲討論的材料之外,並擇取相
關的篇章,以及其他的經史相互參輔說明。本文雖然是以歷史性的資料做爲
探討的對象,但是著重點卻是要藉由詩人選取與詮釋歷史的角度,以看出個
別史事的意義與作用,以及人物在歷史因革損益的活動表現中之歷史地位。
劉大杰云:

> 把祖先們創造國家的功業,和種種奮鬥的歷史,交織著神話的材料,
> 有意地記敘下來,一面作爲統治者的楷模,一面爲不忘記祖先的功
> 德而傳給後代子孫們以祖先的影子,這自然是必要的。在這種要求
> 下,於是民族英雄的史詩,接著宗教詩出現了。無論從任何方面說,
> 這是一種人的事業,而不是神的事業。很明顯的超越了宗教的階段,
> 而帶有濃厚的歷史觀念了。〔註3〕

這些史詩的出現,著實帶有一些目的。本節所欲探索的是「德治」,此一爲政
的理念如何展現在這些詩歌當中。

一、周的勃興與德治的建立

1、后稷立農

周人的始祖,相傳是姜嫄所生的后稷,主要的史料是根據《詩經・大雅・
生民》與〈魯頌・閟宮〉兩篇,這兩段資料以神話的形式,清楚地交代了周
的起源。〈大雅・生民〉首章云:

> 厥初生民,時維姜嫄。生民如何?克禋克祀,以弗無子。履帝武敏
> 歆,攸介攸止。載震載夙,載生載育,時維后稷。

〈魯頌・閟宮〉首章亦云:

> 閟宮有侐,實實枚枚。赫赫姜嫄,其德不回。上帝是依,無災無害,
> 彌月不遲,是生后稷。

更詳細。」〈西周史事概述〉,《中國上古史——待定稿》,頁47。因今已習稱「古
公亶父」,故仍沿用之。
〔註3〕劉大杰:《中國文學發達史》,頁30。

《史記》、《列女傳》中亦載有后稷出生的史實，《史記·周本紀》云：

> 周后稷，名棄。其母有邰氏之女，曰姜原。姜原爲帝嚳元妃。姜原
> 出野，見巨人跡，心忻然悅，欲踐之，踐之而身動如孕者，居期而
> 生子，以爲不祥，棄之隘巷。（卷四）

劉向《列女傳》亦云：

> 棄母姜嫄者，邰侯之女也。當堯之時，行見巨人跡，好而履之，歸
> 而有娠，浸以益大，心怪惡之，卜筮禋祀以求無子，終生子，以爲
> 不祥，而棄之隘巷。（卷一）

司馬遷與劉向的說法大同小異，但與原詩相較，卻有幾點不同：

（一）《詩經》但云后稷，未言名「棄」：《詩經》言及后稷的詩篇有大雅〈生民〉、〈雲漢〉、〈周頌·思文〉、〈魯頌·閟宮〉四篇，這四篇都稱之爲后稷，並未說后稷之名曰「棄」；《尚書·呂刑》篇也只稱之爲「稷」。直到〈堯典〉〔註4〕才說其名曰棄，被舜任命爲后稷之官。〔註5〕司馬遷與劉向均言周后稷名棄，應是根據堯典而言。

（二）《詩經》云后稷有母，未言有父：依《詩經》的記載，后稷是無父而生；但是《史記》卻說：「其母有邰氏之女，曰姜原，姜原爲帝嚳元妃。」是后稷之父爲帝嚳，后稷爲帝嚳之子。

（三）《詩經》未言姜嫄世系：詩〈生民〉篇但云：「誕后稷之穡，……即有邰家室。」其義爲后稷初興於邰，邰應是周民族相傳所說的發祥地。〔註6〕而《史記》、《列女傳》則謂姜嫄爲「有邰氏之女」、「邰侯之女」，更清楚地說明姜嫄的氏族背景。

《史記》、《列女傳》寫錄的時間較晚，而記述的史實反而更詳，后稷的年代湮遠，《史記》、《列女傳》所言，姜嫄爲有邰氏之女，爲帝嚳元妃云云，恐難置信。

交代后稷出生的背景之後，〈生民〉的第二、三、四章繼而描述后稷的生長過程：

〔註4〕今文〈堯典〉，含僞古文〈舜典〉。
〔註5〕屈萬里：《西周史事概述》，頁27。《尚書·堯典》：「帝曰：棄！黎民阻飢。汝后稷，播時百穀。」
〔註6〕在今陝西省武功縣。任遵時：《詩經地理考》，頁122。

誕彌厥月，先生如達。不坼不副，無菑無害。以赫厥靈，上帝不寧。
不康禋祀，居然生子。

誕寘之隘巷，牛羊腓字之；誕寘之平林，會伐平林；誕寘之寒冰，
鳥覆翼之。鳥乃去矣，后稷呱矣，實覃實訏，厥聲載路。

誕實匍匐，克岐克嶷，以就口食。蓺之荏菽，荏菽旆旆，禾役穟穟，
麻麥幪幪，瓜瓞唪唪。

這段文字極其生動，饒具文學趣味。后稷生下以後，被置於隘巷、平林、寒
冰之上，但均未損傷毫髮，有各種神異奇運來照拂他，此無非是顯示后稷的
不凡。〈生民〉一詩雖然保有相當濃厚的傳說之原始性，不能視爲信史，但是
其中卻有值得重視的消息存在：

（一）詩載后稷有母，未言有父，是母系社會之遺跡：在原始社會中，
一切以女子爲中心，《莊子‧盜跖》篇云：「神農之世，臥則居居，起則于于，
民知其母，不知其父，與麋鹿共處，耕而食，織而衣。」此乃母系社會的共
象。逮農業發達以後，需要男子力耕，社會型態遂逐漸改變，轉而爲父系社
會。后稷有母無父的神話故事，是原始母系社會的一個遺跡。自此以後，《詩
經》記載的周之祖先，諸如公劉、古公亶父、王季、文王、武王等，均是男
子，這表示后稷的時代，是由母系社會過渡到父系社會的一個轉型期。

（二）周人以后稷爲始祖，顯示周人對農業極端重視：就《詩經》的資
料看來，后稷自幼即善於農事。〈生民〉五、六兩章，與〈周頌‧思文〉、〈魯
頌‧閟宮〉首章，均詳述后稷農稼之功：

誕后稷之穡，有相之道。茀厥豐草，種之黃茂。實方實苞，實種實
褎，實發實秀，實堅實好，實穎實栗，即有邰家室。

誕降嘉種，維秬維秠，維穈維芑。恆之秬秠，是穫是畝；恆之穈芑，
是任是負。以歸肇祀。

〈周頌‧思文〉云：

思文后稷，克配彼天。立我烝民，莫匪爾極。貽我來牟，帝命率育，
無此疆爾界，陳常于時夏。

〈魯頌‧閟宮〉云：

赫赫姜嫄，……是生后稷。降之百福，黍稷重穋，稙稚菽麥。奄有

> 下國，俾民稼穡。有稷有黍，有稻有秬。奄有下土，纘禹之緒。

由上述詩章，均可看出后稷在農功上的成就，以及詩人對於各種農功穀物細緻而著重的描寫，此均顯示周人重視農業的史實。

（三）詩人強調后稷稼穡之功，以見周祖之德足以配天：前引有關后稷的詩篇，詩人著重描寫后稷在農功上的貢獻，除了是周人重視農業的歷史實錄之外，尚有政治的因素在內。詩人有意強調后稷的農事功業，是要使人信服，周之代殷，是緣於德業的建立與累積，周人理應承受天命，統治天下。〈生民〉篇之詩序云：

> 生民，尊祖也。后稷生於姜嫄，文武之功起於后稷，故推以配天焉。

朱守亮先生云：

> 詩則所敘后稷誕生，近於神化，是乃神化其祖，以見周之當受天命也。〔註7〕

〈思文〉篇《朱傳》云：

> 言后稷之德，真可配天，蓋使我烝民得以粒食者，莫非其德之至也。
>
> 〔註8〕

以上諸家之言，均看出這種政治上的用意。若將后稷與商之始祖契的誕生傳說做一比較，更易凸顯詩人在此的用心。〈商頌·玄鳥〉篇云：

> 天命玄鳥，降而生商。宅殷土芒芒。古帝命武湯，正域彼四方。

〈長發〉篇云：

> 有娀方將，帝立子生商。
> 玄王桓撥，受小國是達，受大國是達。率履不越，遂視既發。

此中「降而生商」，「帝立子生商」，與「玄王」均是指商之始祖契。〔註9〕契

〔註7〕　朱守亮：《詩經評釋》，頁756。

〔註8〕　朱熹：《詩集傳》，卷十九。

〔註9〕　詩「天命玄鳥，降而生商」下，箋云：「天使鳦下而生商者，謂鳦遺卵，娀氏之女簡狄吞之而生契。」詩「有娀方將，帝立子生商」下，箋云：「有女簡狄吞鳦卵而生契，堯封之於商，後湯王因以為天下號。故云：『帝立子生商』。」詩「玄王桓撥」下，毛傳云：「玄王，契也。」

誕生之後，並未遭受任何災難，輕易地就開啓了商族的端緒；后稷則不同，出生之後即有諸多化險爲夷的經歷，對於農事的努力，似乎亦是備極艱辛。「立我烝民」，「貽我來牟」，造福庶民，使民無饑饉之虞，而後得以「克配彼天」，在在都顯示詩人對周祖之德的強調，這在政治上有其必然的象徵意義。

2、公劉徙豳

從后稷到公劉，共綿延了幾代，在《詩經》中無可尋繹。〔註10〕公劉在周族的歷史上，是繼后稷之後，第二位偉大的先祖，他率領部族作了一次重大的遷徙，此一歷史事件在《詩・大雅・公劉》篇中有詳明的記載：

> 篤公劉，匪居匪康，迺場迺疆，迺積迺倉。迺裹餱糧，于橐于囊，思輯用光。弓矢斯張，干戈戚揚，爰方啓行。

首章敘述公劉遷徙之前的準備。遷徙的原因，就詩文所言，是因「匪居匪康」，但是原住地何以無法安居？《毛傳》認爲是：

> 公劉居於邰，而遭夏人亂，迫逐公劉，公劉乃避中國之難，遂平西戎而遷其民，邑於豳焉。

姚際恒承《國語・周語》所云：「及夏之衰也，棄稷不務，我先王不窋用失其官，而自竄于戎狄之閒。」〔註11〕以駁斥《毛傳》的說法，認爲公劉非自邰遷豳，其言云：

> 公劉爲不窋之孫，乃自戎狄處遷，非自邰遷也。大王爲狄人侵，遷岐山；公劉自不安于戎狄之地而遷之，非迫也。故曰「非居非康」。
> 〔註12〕

陳榮照先生則認爲：

> 就詩中觀察，公劉的時候，農業規模已極偉大。他可能是爲了生產發展的需要而遷徙，亦未可知，因爲古代農業方興，初民尚不知施肥的方法，耕種數年，地力即盡，就得舍舊謀新，別營他地。……

〔註10〕從后稷到太王的世系，至今仍是懸案，請參屈萬里先生「西周史事概述」，頁27～29。
〔註11〕《國語・周語上》，卷一。
〔註12〕姚際恒：《詩經通論》，卷十四。

公劉啓行前，既儲備豐富的糧食，又有干戈的戒備，準備工作亦頗完密。〔註13〕

從公劉行前一切完善的準備來看，這次的遷徙是經過長久的計劃，應非迫於外族一時的侵略；再者，周族遷徙，究竟有幾次？於史無可查證，因此陳氏的說法，認為公劉是為部族生產發展的需要而遷徙，尚不失為一個較合理的推測。

第二、三章繼而敘述公劉終於發現一處富饒的平原，可作為安居之地，詩云：

篤公劉，于胥斯原，既庶既繁，既順迺宣，而無永歎。陟則在巘，復降在原。何以舟之？維玉及瑤，鞞琫容刀。

篤公劉，逝彼百泉，瞻彼溥原，迺陟南岡，乃覯于京。京師之野，于時處處，于時盧旅，于時言言，于時語語。

由詩後所云「豳居允荒」，「于豳斯館」，知「于胥斯原」指的就是豳地。此處水草豐美，幅員廣大，宜於墾植；又有流泉，以為水利灌溉；南有高山，以資屏障，因此部族子民皆「既順迺宣，而無永歎。」孟子云：「以德服人者，中心悅而誠服也。」（孟子公孫丑上）此之謂也。

第四章敘述公室既成，公劉燕勞群臣。五、六兩章則述公劉辛勤營豳的情形：

篤公劉，既溥既長。既景迺岡，相其陰陽，觀其流泉。其軍三單。度其隰原，徹田為糧。度其夕陽，豳居允荒。

篤公劉，于豳斯館。涉渭為亂，取厲取鍛。止基迺理，爰眾爰有。夾其皇澗，溯其過澗。止旅乃密，芮鞫之即。

由於公劉總是僕僕風塵，登山觀泉，以為民居；成立軍旅；徹田為糧；涉渭治水……，終使豳邑成為富庶康居之地，「止旅乃密，芮鞫來即。」是形容來此定居者逐漸稠密，就水之內外而居。凡此種種均說明：公劉之德足使部族對他「君之宗之」（〈公劉〉第四章），《史記·周本紀》云：

公劉……復修后稷之業，務耕種，行地宜。……行者有資，居者有畜積，民賴其慶，百姓懷之，多徙而保歸焉。周道之興自此始，故

詩人歌樂思其德。（卷四）

周族的勃興，在公劉時代已奠下良好的基礎。

3、太王遷岐

公劉之後，周族著名的先王是古公亶父，也就是太王。太王乃是文王的祖父，到了太王之世，周族的世系才完全可考〔註14〕。《詩經》雅頌中提到太王的篇章有大雅〈緜〉、〈皇矣〉、〈周頌・天作〉、〈魯頌・閟宮〉四篇，以大雅〈緜〉篇敘述最為詳瞻。詩云：

> 緜緜瓜瓞，民之初生。自土沮漆，古公亶父，陶復陶穴，未有室家。
> 古公亶父，來朝走馬，率西水滸，至于岐下。爰及姜女，聿來胥宇。
> 周原膴膴，堇荼如飴。爰始爰謀，爰契我龜。曰止曰時，築室于茲。

周族世代相傳，就如爪瓞一般綿延不絕。到古公亶父之時，率領部族，馳馬遷於岐山之下，詩稱「周原膴膴，堇荼如飴。」知岐山附近是一片膏腴之地。遷岐的原因，〈緜〉詩並未說明；但《孟子・梁惠王下》卻敘述甚詳：

> 太王居邠，狄人侵之，事之以皮幣，不得免焉；事之以犬馬，不得免焉；事之以珠玉，不得免焉，乃屬其耆老而告之曰，狄人之欲者，吾土地也。吾聞之也，君子不以其所以養人者害人，二三子何患乎無君？我將去之。去邠，踰梁山，邑於岐山之下，居焉。邠人曰，仁人也，不可失也。從之者如歸市。

《史記・周本紀》所載與此略同。《孟子》此說的真實性如何？恐怕有待將來考古資料的證明。但是《孟子》文中值得注意的是：「君子不以其所以養人者害人，……邠人曰，仁人也，不可失也。從之者如歸市。」一語，此中形容太王以德服人，造成「從之者如歸市」，那種德澤散發出來的力量，使民心從風而至，這是《詩經》一談到周族的歷史，便會自然流露而出的主題意識。

《詩經》提到太王的德業主要有兩方面：

（一）經始家國寢廟：〈緜〉詩云：

〔註14〕參許倬雲：〈周人的興起及周文化的基礎〉，《中國上古史——待定稿》，第三本，頁6。

乃召司空，乃召司徒，俾立室家。其繩則宜，縮版以載，作廟翼翼。

……

迺立皋門，皋門有伉。迺立應門，應門將將。迺立冢土，戎醜攸行。

〈周頌・天作〉篇云：

天作高山，大王荒之。彼作矣，文王康之。彼徂矣，岐有夷之行。
子孫保之。

太王遷岐之後，披荊斬棘，治荒墾業，立家室，作寢廟，建城郭，使岐有平坦之道可行，周族發展至此，已初具國家規模。

（二）抵禦外族侵削：太王遷岐之初，混夷仍然不時來犯，〈大雅・緜〉云：

肆不殄厥慍，亦不隕厥問。柞棫拔矣，行道兌矣，混夷駾矣，唯其
喙矣。

〈大雅・皇矣〉：

作之屏之，其菑其翳。修之平之，其灌其栵。啓之辟之，其檉其椐。
攘之剔之，其檿其柘。帝遷明德，串夷載路。

太王初遷之時，對待混夷的態度是「肆不殄厥慍，亦不隕厥問。」因不能止息混夷的囂怒，故不絕聘問之禮，以為緩衝。及立國漸久，叢林墾治，行道暢通之後，便將混夷擊退。「帝遷明德」，是說上帝遷改天命，就於有德之君。從《詩經》的記載可知，周部族在早期常受外族的侵擾，太王能率民禦敵，使民安居樂業，對當時的百姓而言，是一大德政，故詩云：「帝遷明德，串夷載路。」

4、王季之德

太王之後，由其幼子季歷嗣位，稱為王季。《詩經》中有關王季的記載，有大雅〈大明〉、〈皇矣〉兩篇，〈大明〉云：

摯仲氏任，自彼殷商，來嫁于周，曰嬪于京。乃及王季，維德之行。

摯為國名，據《鄭箋》云，在殷商畿內。言摯國任氏中女，自殷商來嫁于周。

這顯示商周之間的關係，甚為密切，早有通婚之好。大任有德，能與王季共行仁義，〈大雅·思齊〉亦言太任之德曰：

> 思齊大任，文王之母。思媚周姜。京室之婦，大姒嗣徽音，則百斯男。

周姜，太王之妻，季歷之母；太姒，乃文王之妻。此章言太任能愛事周姜，其德足為王室之婦，其後太姒又能繼承太任的美德，而有美譽。

王季能得嘉偶，以為天下母儀；而王季本身之德，也足以覆有天下，受祿無喪，〈皇矣〉云：

> 帝省其山，柞棫斯拔，松柏斯兌。帝作邦作對，自大伯王季。維此王季，因心則友。則友其兄，則篤其慶，載錫之光，受祿無喪，奄有四方。
>
> 維此王季，帝度其心，貊其德音。其德克明，克明克類，克長克君。王此大邦，克順克比。比于文王，其德靡悔。既受帝祉，施于孫子。

由於王季能友愛兄長，靜修聲名，明辨善惡，慈和徧服，使上下親附，因此上帝為之立邦建國，又使王季能成為得配天命之人。從詩先云「帝省其山，⋯⋯」，而後云「奄有四方」；先言「其德克明」，後言「既受帝祉」，可知詩人一再暗示：上帝為王季「作邦作對」，其根據乃在王季自身之德，上帝並不是無條件將天子之位賦予王季。在「帝作邦作對，自大伯王季。」之下，《鄭箋》云：「大伯讓於王季而文王起。」此指太伯虞仲〔註15〕兄弟讓國之事，這段史事，《史記·周本紀》載之甚詳：

> 古公有長子曰太伯，次曰虞仲，太姜生少子季歷。季歷娶太任，皆賢婦人。生昌，有聖瑞。古公曰：「我世當有興者，其在昌乎！」長子太伯，虞仲，知古公欲立季歷以傳昌，乃二人亡如荊蠻，文身斷髮，以讓季歷。古公卒，季歷立，是為公季，公季修古公遺道，篤於行義，諸侯順之。（卷四）

此事又見於《左傳》僖公五年與哀公七年，《論語·泰伯》亦載孔子盛稱太伯之德曰：「泰伯其可謂至德也已矣！三以天下讓，民無得而稱焉。」這段歷史向為後世儒者所傳誦，被歌頌的意義在於認定政治不是強者權力的擴張，而是有德者以其善德統治百姓。歷史上為政者常為取得政權，而不惜父

〔註15〕虞仲，《左傳》哀公七年稱仲雍。

子相殘，兄弟相殺，孟子曰：「世衰道微，邪說暴行有作，臣弒其君者有之，子弒其父者有之。」（《孟子・滕文公下》）這種「君臣父子兄弟終去仁義，懷利以相接」（《孟子・告子下》）的政治殘酷，更凸顯太伯讓賢的至德。政治不應是爭逐權力的殺戮，而是有德者得為「克長克君」，得能「受祿無喪，奄有四方」地和平轉移政權。

二、以文王爲德治的典範

1、文王在雅頌中的重要性

　　王季之後，文王繼位。文王在周人的文獻中，是以一個完美的道德典範長立於歷史的永恆中。周人對祖先的祭祀裡，特別尊崇文王，多把開國的功業歸之於他，並且以完成如同文王的盛德期勉後世子孫，如詩云：

> 上天之載，無聲無臭。儀刑文王，萬邦作孚。（〈大雅・文王〉）

> 濟濟多士，秉文之德。對越在天，駿奔走在廟，不顯不承，無射於人斯。（〈周頌・清廟〉）

> 文王之德之純。假以溢我，我其收之，駿惠我文王，曾孫篤之。（〈周頌・維天之命〉）

孔子曾云：「文王既沒，文不在茲乎？」（《論語・子罕》）孔子以護持文王之後的禮文者自居，可以想見孔子認為文王在周文化的建立上，是佔有何等重要的地位；在政治方面，孔子也盛稱文王「三分天下有其二，以服事殷」（《論語・泰伯》）的至德，在三分天下有其二的政治優勢裡，文王仍舊不失事殷之禮，孳孳努力於德治的建立，他沒有出現伯夷、叔齊所指責的「以暴易暴兮，不知其非矣」，〔註16〕因戰爭所必然帶來的殺戮，文王沒有這種政治上的遺憾，這應是孔子以至德稱揚文王，周人頌美文王最主要的一個原因。

　　文王在雅頌中的重要，一如其他典籍所稱頌者，這點尚可從雅頌中記載文王的篇章、次數，與其他先世先王出現的篇章、次數做一比較，而得到一

〔註16〕《史記・伯夷列傳》云：「武王……伐紂，伯夷、叔齊叩馬而諫曰：『父死不葬，爰及干戈，可謂孝乎？以臣弒君，可謂仁乎？』……武王已平殷亂，天下宗周，而伯夷、叔齊恥之，義不食周粟。隱於首陽山，采薇而食之。及餓且死，作歌，其辭曰：『登彼西山兮，采其薇矣。以暴易暴兮，不知其非矣。……』」（卷六一）

個有力的數據：〔註17〕

后稷　　四篇九次
公劉　　一篇六次
亶父　　三篇五次
王季　　二篇四次
文王　　十七篇四十二次
武王　　八篇十三次（詳例請參附表一）

從上列的數字中可以得知，文王在周人的心目中高於其他的祖先，即使將其他周初先王出現的次數相加，也還不及文王一人出現的次數之多，由這點可以顯示文王的特殊性與重要性，是周人有意、甚至有過多的刻意，加以特別地稱揚。日人宇野精一也注意到文王在周史上的重要性，其言云：

> 依周室的傳統觀念，為周室奠基的，不是伐紂的武王，而是其父文王。文王德劭，蒙上帝的眷顧，而受天命。隨而，其後的武王，成王，周公，與其說是直接事奉上帝，毋寧是法則文王之德，以保持天命。又王朝下的人們只要法則文王之德，則可享受王國的繁榮。任何民族都有創始其民族光輝歷史的英雄，而周是人文色彩較濃厚的王國，這王國的建立者便是文王。文王是中華民族之父。事實上，到了後世，儒家和墨家崇拜文王，倡「先王之道」，主要的理由在此。至少，文王不是天生的神人，而是由於人的才能所具備的德，得天的恩寵，而成為人的指導者，統治者，這就是儒家所倡說的聖人的典型。〔註18〕

以下即從：「文王得為德治典範的條件」、與「以文王為天命的具體代表」兩點，來分述文王於雅頌中的特殊地位。

〔註17〕國風中並沒有關於后稷、公劉、太王、王季、文王、武王的記載。
〔註18〕宇野精一：《中國思想（一）儒家》，頁25。

表　一

人君	詩　文	篇　名	備　註
后稷	載震載夙，載生載育、時維后稷。	〈大雅・生民〉	共四篇九次
	鳥乃去矣，后稷呱矣。	〈大雅・生民〉	
	誕后稷之穡，有相之道。	〈大雅・生民〉	
	后稷肇祀，庶無罪悔，以迄于今。	〈大雅・生民〉	
	后稷不克，上帝不臨。	〈大雅・雲漢〉	
	思文后稷，克配彼天。	〈周頌・思文〉	
	彌月不遲，是生后稷。	〈魯頌・閟宮〉	
	后稷之孫，實維大王。	〈魯頌・閟宮〉	
	皇皇后帝，皇祖后稷。	〈魯頌・閟宮〉	
公劉	篤公劉，匪居匪康。	〈大雅・公劉〉	共一篇六次
	篤公劉，于胥斯原。	〈大雅・公劉〉	
	篤公劉，逝彼百泉。	〈大雅・公劉〉	
	篤公劉，于京斯依。	〈大雅・公劉〉	
	篤公劉，既溥既長，既景迺岡。	〈大雅・公劉〉	
	篤公劉，于豳斯館，涉渭為亂。	〈大雅・公劉〉	
太王	古公亶父，陶復陶穴，未有家室。	〈大雅・緜〉	共三篇五次
	古公亶父，來朝走馬。	〈大雅・緜〉	
	天作高山，大王荒之。	〈周頌・天作〉	
	后稷之孫，實維大王。	〈魯頌・閟宮〉	
	至于文武，纘大王之緒，致天之屆。	〈魯頌・閟宮	
王季	乃及王季，維德之行。	〈大雅・大明〉	共二篇四次
	帝作邦作對，自大伯王季。	〈大雅・皇矣〉	
	維此王季，因心則友。	〈大雅・皇矣〉	
	維此王季，帝度其心。	〈大雅・皇矣	
文王	文王在上，於昭於天。	〈大雅・文王〉	共十七篇四十二次
	文王陟降，在帝左右。	〈大雅・文王〉	
	亹亹文王，令聞不已。	〈大雅・文王〉	
	陳錫哉周，侯文王孫子。	〈大雅・文王〉	
	文王孫子，本支百世。	〈大雅・文王〉	
	濟濟多士，文王以寧。	〈大雅・文王〉	
	穆穆文王，於緝熙敬止。	〈大雅・文王〉	

	儀刑文王，萬邦作孚。	〈大雅‧文王〉
	大任有身，生此文王。	〈大雅‧大明〉
	維此文王，小心翼翼，昭事上帝。	〈大雅‧大明〉
	文王初載，天作之合。	〈大雅‧大明〉
	文王嘉止，大邦有子。	〈大雅‧大明〉
	有命自天，命此文王。	〈大雅‧大明〉
	虞芮質厥成，文王蹶厥生。	〈大雅‧緜〉
	思齊大任，文王之母。	〈大雅‧思齊〉
	比于文王，其德靡悔。	〈大雅‧皇矣〉
	帝謂文王，無然畔援，無然歆羨。	〈大雅‧皇矣〉
	帝謂文王，予懷明德。	〈大雅‧皇矣〉
	帝謂文王，詢爾仇方。	〈大雅‧皇矣〉
	文王有聲，遹駿有聲。	〈大雅‧文王有聲〉
	遹觀厥成，文王烝哉！	〈大雅‧文王有聲〉
	文王受命，有此武功。	〈大雅‧文王有聲〉
	既伐于崇，作邑于豐，文王烝哉！	〈大雅‧文王有聲〉
文王	文王曰咨！咨汝殷商，曾是彊禦。	〈大雅‧蕩〉
	文王曰咨！咨汝殷商，而秉義類。	〈大雅‧蕩〉
	文王曰咨！咨汝殷商，女炰烋于中國。	〈大雅‧蕩〉
	文王曰咨！咨汝殷商，天不湎爾以酒。	〈大雅‧蕩〉
	文王曰咨！咨汝殷商，如蜩如螗。	〈大雅‧蕩〉
	文王曰咨！咨汝殷商，匪上帝不時，殷不用舊。	〈大雅‧蕩〉
	文王曰咨！咨汝殷商，人亦有言，顛沛之揭，枝葉未有害。	〈大雅‧蕩〉
	王之元舅，文武是憲。	〈大雅‧崧高〉
	文武受命，召公維翰。	〈大雅‧江漢〉
	濟濟多士，秉文之德。	〈周頌‧清廟〉
	文王之德之純。	〈周頌‧維天之命〉
	駿惠我文王，曾孫篤之。	〈周頌‧維天之命〉
	維清緝熙，文王之典。	〈周頌‧維清〉
	彼作矣，文王康之。	〈周頌‧天作〉
	儀刑文王之典，日靖四方。	〈周頌‧我將〉
	伊嘏文王，既右饗之。	〈周頌‧我將〉
	允文文王，克開厥後，嗣武受之。	〈周頌‧武〉
	文王既勤止，我應受之。	〈周頌‧賚〉
	至於文武，纘大王之緒。	〈魯頌‧閟宮〉

武王	篤生武王，保右命爾，燮伐大商。	〈大雅・大明〉	共八篇十三次
	涼彼武王，肆伐大商。	〈大雅・大明〉	
	維龜正之，武王成之。	〈大雅・文王有聲〉	
	武王烝哉！	〈大雅・文王有聲〉	
	豐水有芑，武王豈不仕？	〈大雅・文王有聲〉	
	武王烝哉！	〈大雅・文王有聲〉	
	王之元舅，文武是憲。	〈大雅・崧高〉	
	文武受命，召公維翰。	〈大雅・江漢〉	
	執競武王，無競維烈。	〈周頌・執競〉	
	於皇武王，無競維烈。	〈周頌・武〉	
	允文文王，克開厥後，嗣武受之。	〈周頌・武〉	
	天命匪解，桓桓武王。	〈周頌・桓〉	
	至于文武，纘大王之緒。	〈魯頌・閟宮〉	

2、文王為德治典範的條件

《詩・大雅・皇矣》序云：「天監代殷，莫若周；周世世修德，莫若文王。」說明文王盛德之隆，為世代之最。文王之德，首在自身即是完美的人格典範：詩云：

> 亹亹文王，令聞不已。（〈大雅・文王〉）
>
> 穆穆文王，於緝熙敬止。（〈大雅・文王〉）
>
> 維此文王，小心翼翼，昭事上帝。聿懷多福，其德不回，以受方國。（〈大雅・大明〉）
>
> 肆戎疾不殄，烈假不瑕。不聞亦式，不諫亦入。（〈大雅・思齊〉）
>
> 比于文王，其德靡悔。既受帝祉，施于孫子。（〈大雅・皇矣〉）
>
> 帝謂文王，予懷明德。不大聲以色，不長夏以革，不識不知，順帝之則。（〈大雅・皇矣〉）

詩中所描繪的文王畫像是一位敬慎勤勉，能持續修德不已；小心翼翼，以事上帝；待人溫善，不因為諸夏之長而改變其德；不自作聰明，不以為知慮過人，但順從上帝的法則行事之人。《尚書・康誥》亦云：「文王克明德慎罰，不敢侮鰥寡，庸庸，祗祗，威威，顯民。」文王能施惠於人，又能謹慎施罰，

不侮鰥寡，勤勉敬謹，畏天之威，使民光顯。正因文王之德之純，故四方諸侯均來歸附，並受上帝福祉，且能延及子孫。

其次，文王之德在能教化愛民：《詩·大雅·思齊》云：

> 惠于宗公，神罔時怨，神罔時恫。刑于寡妻，至于兄弟，以御于家邦。

是說文王之德，能順于先公，於是神能無怨無痛。能為儀法於其妻子，至於兄弟，因以此而能統治家邦，此有「家齊而後國治」的思想進程的涵意在內。〈思齊〉的末章又云：

> 肆成人有德，小子有造，古之人無斁，譽髦斯士。

是稱美文王能使成人有德行，童子有其成長造就，士人皆能成為備受稱譽的俊義之人。文王不僅能使家齊，使國人化善成德，流風所及，鄰國諸君亦受感化，〈大雅·緜〉末章云：

> 虞芮質厥成，文王蹶厥生。

據《毛傳》云：

> 虞芮之君，相與爭田，久而不平，乃相謂曰：「西伯仁人也，盍往質焉。」乃相與朝周，入其竟，則耕者讓畔，行者讓路。入其邑，男女異路，斑白不提挈。入其朝，士讓為大夫，大夫讓為卿。二國之君感而相謂曰：「我等小人，不可以履君子之庭。」乃相讓以其所爭田為間田而退。天下聞之而歸者，四十餘國。

這個故事雖有過於理想之嫌，但是當時周勢強盛，文王又德高望眾，來歸附的周邊小國必多，《尚書·無逸》云：

> 文王卑服，即康功田功。徽柔懿恭，懷保小民，惠鮮鰥寡。自朝至于日中昃，不遑暇食，用咸和萬民。文王不敢盤于遊田，以庶邦惟政之恭。

文王除了致力於國內政事，親理農功，保安庶民，善惠鰥寡之外，尚需「以庶邦惟正之恭」，恭謹地處理各國政務。因此虞芮爭田不決，求平於西方之長的文王，並非不可能的事。由於文王之德如是純篤，因此他深得人民的悅服，〈大雅·靈臺〉首章云：

經始靈臺，經之營之。庶民攻之，不日成之。經始勿亟，庶民子來。

民眾營臺，如子事父，文王並不急於成臺，但是「庶民攻之」，卻「不日成之」，可見人民對他的擁戴與支持如是之忠誠。〈靈臺〉的次章，詩人接著說：

王在靈囿，麀鹿攸伏。麀鹿濯濯，白鳥翯翯，王在靈沼，於牣魚躍。

詩人由近及遠，由人及物，從不同的層面描寫文王教化愛民、仁及草木之功，這幅王在靈囿，麀鹿攸伏，魚躍出水的景象，是詩人將文王之德高揚到儒家所倡導的仁民愛物、民胞物與的最高境界。

第三、文王之德在能善舉賢才：〈大雅·緜〉末章云：

予曰有疏附，予曰有先後，予曰有奔奏，予曰有禦侮。

《毛傳》云：「率下親上曰疏附，相道前後曰先後，喻德宣譽曰奔奏，武臣折衝曰禦侮。」文王之德所以至然者，在於有疏附、先後、奔奏、禦侮之臣的輔佐。《尚書·君奭》亦言，文王能修行和睦與諸夏共處，乃是有虢叔、閎夭、散宜生、泰顛、南宮括等賢臣的佐助。由於文王能知人善任，周室因而人才濟濟，此乃文王賴以安定邦國的重要因素之一，〈大雅·文王〉第三章云：

世之不顯，厥猶翼翼。思皇多士，生此王國。王國克生，維周之楨。
濟濟多士，文王以寧。

其後武王杖鉞麾旄，以殪商紂，乃是因為周室擁有濟濟賢才，而這正是文王時代即已厚植的國力基礎。

除了文治之外，武功方面亦極強盛，此為周室得以統領西方諸國的重要因素。據《史記·周本紀》所載，文王先後征服犬戎、密須、耆國、邘、崇等國，而《詩經》中記載的只有伐密、伐崇二事，[註19]〈大雅·皇矣〉云：

[註19] 《毛傳》、鄭玄誤以為伐混夷是文王之時，〈大雅·緜〉詩「混夷駾矣，維其喙矣」之下，箋云：「混夷，夷狄國也，見文王之使者將士，眾過己國，則惶怖驚走。」〈大雅·皇矣〉「帝遷明德，串夷載路」之下，《毛傳》云：「徙就文王之德也。」《箋》云：「串夷即混夷，……天意去殷之惡，就周之德，文王則侵伐混夷以應之。」王國維於「鬼方昆夷玁狁考」駁之云：「據〈緜〉詩本文，則太王所事，正是混夷。此詩自一章至七章，皆言太王遷都築室之事，八章云：『柞棫拔矣，行道兌矣，混夷駾矣，維其喙矣。』亦當言太王定都之後，伐木開道，混夷畏其強而驚走也。」(《觀堂集林》，卷十三) 據王氏所言，則文王未伐混夷。

> 帝謂文王，無然畔援，無然歆羨，誕先登于岸。密人不恭，敢拒大
> 邦，侵阮徂共。王赫斯怒，爰整其旅，以按徂旅，以篤于周祜，以
> 對于天下。
> 依其在京，侵自阮疆，陟我高岡。無矢我陵，我陵我阿，無飲我泉，
> 我泉我池。

密即密須，《毛傳》云：「國有密須氏」。這兩章詩把周室與密國交戰的原因，
以及密國出兵的路線都交代得很清楚。阮、共是臣屬於周的二個小國，密人
對周不恭，竟敢抗拒周室，侵攻阮、共二國。密人從京出兵，自阮侵入周之
領域，於是文王赫怒整師，以遏止其兵來犯。

伐崇之事，也記載在〈大雅·皇矣〉，詩云：

> 帝謂文王，予懷明德，不大聲以色，不長夏以革，不識不知，順帝
> 之則。帝謂文王，詢爾仇方。同爾兄弟，以爾鉤援，與爾臨衝，以
> 伐崇墉。
> 臨衝閑閑，崇墉言言。執訊連連，攸馘安安。是類是禡，是致是附，
> 四方以無侮。臨衝茀茀，崇墉仡仡。是伐是肆，是絕是忽，四方以
> 無拂。

崇國在今陝西省鄠縣〔註20〕，位在周室的東方，由詩所述，可知崇是東方強
國，周人聯合了幾國的兵力，方把崇國攻下。至於戰爭發生的原因，據《史
記·周本紀》所言，是因崇侯譖文王於商紂，紂囚文王之故。但是崔述於《豐
鎬考信錄》（卷二）曾辨其不可信；究竟有無此事，尚難斷定。文王伐崇之後，
即遷都豐邑，〈大雅·文王有聲〉云：

> 文王受命，有此武功，即伐于崇，作邑于豐。文王烝哉！

這是《詩經》中記載有關周族的第四次遷都。豐邑附近，川渠縱橫，物庶地
饒，漢東方朔稱其「有秔稻梨栗桑麻竹箭之饒，土宜薑芋，水多蛙魚，貧者
得以人給家足，無飢寒之憂，故酆鎬之間，號為土膏，其賈畝一金。」〔註21〕
這應是文王「作邑于豐」的重要理由。

此外，上述詩中有一點值得注意的是：在伐密、崇之前，詩人假借上帝

〔註20〕程發軔：《春秋左氏傳地名圖考》，頁 172。
〔註21〕《漢書·東方朔傳》，卷六五。

對文王垂訓曰：「無然畔援，無然歆羡，誕先登于岸」，又曰：「予懷明德，不大聲以色，不長夏以革，不識不知，順帝之則」；以及克密之後，詩謂文王「以篤于周祜，以對于天下」的涵義在於：文王伐密，並非橫奪他人國邑，也不是貪羡密人的土地；更不是因為作為諸夏之長，而擅興師旅攻伐崇國。若伐密之事，是為興滅國，繼絕世，以保阮、共國祚，乃是弔民伐罪的正義之舉，而這正是德治思想的一個重要指標：戰為義，非為利，孟子云：「文王一怒而安天下之民」（《孟子·梁惠王下》），即此義之謂也。

3、以文王為天命的具體代表

文王的殊勝，展現在雅頌中的另一個特色是：做為天命的具體代表，這點清楚而明顯地披露在〈大雅·文王〉中，詩云：

> 無念爾祖，聿脩厥德，永言配命，自求多福。殷之未喪師，克配上帝。宜鑒于殷，駿命不易。
> 命之不易，無遏爾躬。宣昭義問，有虞殷自天。上天之載，無聲無臭，儀刑文王，萬邦作孚。

詩人告誡周之子孫，修習文王之德，以長配天命。殷未喪失民心之時，克配上帝。今上帝已改命周家（詩云：「商之孫子，其麗不億，上帝既命，侯服于周。」）由是可知，天命之不易持守；上天之事，又無聲無臭，如何把握難知的天命？詩人說，如能效法文王，則萬邦咸服。此處點出上一章「聿脩厥（指文王）德」與「永言配命」之間的關係：「萬邦作孚」即等於「把握天命」，文王由於「厥德不回，以受方國」（〈大雅·大明〉），因此，「文王之德」是「萬邦作孚」，「把握天命」的必要條件，於是只要「儀刑文王」，則能「永言配命」，文王實已成為天命的具體代表，難知的天命，通過文王具體之德，作為後世子孫行為的啟示，這點在〈大雅·蕩〉中也有痕跡可尋，徐復觀先生云：

> 蕩之首章言上帝，以後六章則只言「文王曰咨」，而不再提到上帝；在作此詩者的心目中，文王實已代替上帝在那裡發號施令。[註22]

由於文王能代表上帝，所以從大雅看文王與上帝的關係，也較其他的祖先特別密切，詩云：

〔註22〕徐復觀：《中國人性論史》，頁27。

文王在上，於昭于天。周雖舊邦，其命維新。有周不顯，帝命不時，
文王陟降，在帝左右。(〈大雅・文王〉)

穆穆文王，於緝熙敬止。假哉天命，有商孫子。商之孫子，其麗不
億，上帝既命，侯服于周。(〈大雅・文王〉)

維此文王，小心翼翼，昭事上帝。聿懷多福，厥德不回，以受方國。
(〈大雅・大明〉)

有命自天，命此文王，于周于京，纘女維莘，長子維行。(〈大雅・
大明〉)

帝謂文王，無然畔援，無然歆羨，誕先登于岸。(〈大雅・皇矣〉)

帝謂文王，詢爾仇方，同爾兄弟，以爾鉤援，與爾臨衝，以伐崇墉。
(〈大雅・皇矣〉)

文王或升於天，或降於人間，皆在上帝左右，小心翼翼，昭事上帝。因此上
帝大命文王，使商之孫子，侯服于周。上帝還垂訓文王，教導文王作戰的方
法，這雖是文學性的描繪，但是此中也透顯上帝與文王的關係，是以政治為
展現的空間，從中注入「文王之德之純」(〈周頌・清廟〉)的為政條件，使天
命豁顯在文王「為政以德」(《論語・為政》)的具體實踐中，這是文王呈現在
雅頌詩篇裡最為特殊的地方。

三、武王在雅頌中的地位

武王在雅頌中的地位，主要是在變伐大商與宅京於鎬二事上；但是詩中對
於武王之德的頌揚卻不若文王之盛，葉達雄先生指出其中的理由是：「孔子所言
『武盡美矣，未盡善也』，殆即『武有殘德』之所由也。」〔註23〕朝代的鼎革，
雖以堯舜禪讓為最高的政治理想，但是究竟有無其事？由於時代久遠，無從考
查。武王以征伐取得天下，翦商的過程，免不了流血的事實；但是周人的政治
理念是以敬德為為政的必要條件，敬德與殺戮之間，卻無法無憾地劃上等號，
周人以其政治智慧，沖淡戰爭事實與德治理念之間的衝突，其方法是：

第一、高揚文王德治的典範地位：如上文所述，文王時代，足以滅商，

〔註23〕葉達雄：《詩經史料分析》，頁10。

卻未滅商，可證明初始周人並未覬覦殷商的政權。

第二、強調武王滅商是弔民伐罪之舉：由於殷商朝政敗亂，賢者去職，小人在位，君臣終日沈於酒樂，致使大命以傾，〈大雅・蕩〉即假借文王之言，以數殷商的罪惡，詩云：

> 文王曰咨！咨汝殷商，曾是彊禦，曾是掊克，曾是在位，曾是在服。天降滔德，女興是力。
> 文王曰咨！咨汝殷商，而秉義類，彊禦多懟。流言以對，寇攘式內。侯作侯祝，靡屆靡究。
> 文王曰咨！咨汝殷商，汝炰烋于中國，斂怨以爲德。不明爾德，時無背無側；爾德不明，以無陪無卿。
> 文王曰咨！咨汝殷商，天不湎爾以酒，不義從式。既愆爾止，靡明靡晦。式號式呼，俾晝作夜。
> 文王曰咨！咨汝殷商，如蜩如螗，如沸如羹。小大近喪，人尚乎由行。內奰于中國，覃及鬼方。
> 文王曰咨！咨汝殷商，匪上帝不時，殷不用舊。雖無老成人，尚有典刑。曾是莫聽，大命以傾。

殷商「斂怨以爲德」，國政「如蜩如螗，如沸如羹」，民之老少皆近於喪亡，內怒於中國，外而延及鬼方，亦怒其殘暴無道。因此，武王興師討伐，成爲順乎天而應乎人的正義之舉，這是歷史必須推出的革命，雅頌中記錄此一重要歷史戰爭的作品，有〈大雅・大明〉與〈魯頌・閟宮〉兩篇：

> 有命自天，命此文王，于周于京，纘女維莘，長子維行。篤生武王，保右命爾，燮伐大商。
> 殷商之旅，其會如林。矢于牧野，維予侯興。上帝臨汝，無貳爾心。牧野洋洋，檀車煌煌，駟騵彭彭。維師尚父，時維鷹揚，涼彼武王，肆伐大商，會朝清明。（〈大雅・大明〉）

> 至于文武，纘大王之緒。致天之屆，于牧之野。無貳無虞，上帝臨女。敦商之旅，克咸厥功。（〈魯頌・閟宮〉）

從詩述「有命自天，……篤生武王，保右命爾，燮伐大商」，以及「致天之屆，于牧之野」以觀，即可知周人已將此一人世的戰爭，高揚到天命的層次，武

王誓師牧野，殛紂滅商，成為和應天命的合理正義之舉。

《詩經》對於武王克商的功業雖然也一再稱揚，如詩云：

> 執競武王，無競維烈。（〈周頌·執競〉）
>
> 於皇武王，無競維烈。（〈周頌·武〉）
>
> 天命匪解，桓桓武王。保有厥士，于以四方。克定厥家，於昭于天，
> 皇以閒之。（〈周頌·桓〉）

但是對於牧野之戰的記載描繪卻相當少，僅有〈大雅·大明〉末的兩章，與
〈魯頌·閟宮〉的「致天之屆，于牧之野」寥寥數語，毫無過縱的盛氣驕勝。
代之而然的是「載戢干戈，載櫜弓矢。我求懿德，肆于時夏。」（〈周頌·時
邁〉），「勝殷遏劉，耆定爾功。」（〈周頌·武〉）的清明理性態度，勝殷之後，
便戢干戈、收弓矢而賴德治，以求天下太平安定。周人「耀德而不觀兵」（《國
語·周語上》）的為政理念，即成為後世儒家強調行仁政，斂黷武之思想的精
神信仰。

武王克商以後，遷都於鎬，這是武王時代第二件重大的史事，詩云：

> 考卜維王，宅是鎬京，維龜正之，武王成之。武王烝哉！
> 豐水有芑，武王豈不仕。詒厥孫謀，以燕翼子。武王烝哉！（〈大雅·
> 文王有聲〉）

鎬京，據《鄭箋》云：「豐邑在豐水之西，鎬京在豐水之東。」知豐、鎬二地
相去不遠，均是水草豐美之地，故詩云：「豐水有芑，武王豈不仕。」遷都的
目的，是為「詒厥孫謀，以燕翼子」，以安護後世的子孫。至此，周的天下已
算是初步底定。

四、強調先王建立德治的意義與實際

上文採自詩雅頌中有關周之開國史的資料，歷述周之祖先：后稷、公劉、
太王、王季、文王、武王建立德治的具體事功。在說明的同時，也進一步探
討個別史事之意義。此則總括以言，周人如是強調其祖先建立德治的事實與
意願，其義在於：

（一）周人認為德治是歷史進展的律則

牟宗三先生曾言：

> 歷史是集團生命底活動行程。集團生命底活動，不論其自覺與否，
> 均有一理念在後面支配。理念就是他們活動的方向。因此，了解歷
> 史是要通過「理念」之實現來了解的。而歷史性的事理之事是在表
> 現理念底活動之行程中出現的，因此，它們的意義是在其表現理念
> 底作用上被看出。〔註24〕

若說周族生命的活動，有一理念在背後支配，那麼這個理念，就是「德治」，
就是以「修德愛民」做為周族生命活動的方向。從上文的具體事例中，我們
可以肯定周人是自覺地發揚此一理念，實踐此一理念，從對世世修德，以受
天命的有意強調，以及周之得天下與殷之失天下的原因相互比較來看，周人
認為德治乃是歷史進展的律則。

（二）追述祖先歷史，以啓後世子孫效法

　　雅頌中對於周之祖先建立的功業一再歌詠，其意義除了認為周族是以德
治進入歷史的主導地位之外；另一作用則在垂訓後世子孫，策勉後來者能謹
記祖先篳路藍縷，以啓山林，建國立業之艱辛，而興如臨深淵，如履薄冰，
兢兢業業的守成之志，使不敢有懈怠放逸之心。這點深刻而繁複地表現在雅
頌之中，詩云：

> 侯服于周，天命靡常，殷士膚敏，祼將於京。厥作祼將，常服黼冔，
> 王之藎臣，無念爾祖。（〈大雅・文王〉）

> 昭茲來許，繩其祖武。於斯萬年，受天之祜。（〈大雅・下武〉）

> 伴奐爾游矣，優游爾休矣。豈弟君子，俾爾彌爾性，似先公酋矣。（〈大
> 雅・卷阿〉）

> 不顯申伯，王之元舅，文武是憲。（〈大雅・崧高〉）

> 王命仲山甫，式是百辟，纘戎祖考。（〈大雅・烝民〉）

> 王親命之，纘戎祖考，無廢朕命。（〈大雅・韓奕〉）

> 無忝皇祖，式救爾後。（〈大雅・瞻卬〉）

〔註24〕牟宗三：《歷史哲學》，頁 4。

不顯維德，百辟其刑之。於乎！前王不忘。（〈周頌・烈文〉）

天作高山，大王荒之，彼作矣，文王康之。彼徂矣，岐有夷之行，
子孫保之。（〈周頌・天作〉）

「王之藎臣，無念爾祖」，「繩其祖武」，「似先公酋矣」，「文武是憲」，「纘戎
祖考」，「無忝皇祖」，「於乎！前王不忘」，「大王荒之，……文王康之，……
子孫保之」，詩中所呈現的，均是一種殷殷垂戒，敦告後來者謹慎自省，進德
修業，以篤周祜，以敬承天命，勿失統緒的精神提攜。過去輝煌的歷史，成
爲後世子孫遵循的一條光明的道路；而過去功業彪炳的祖先，也就成爲後世
子孫追摹的對象。此一藉由歷史的光照，反覆拓印在子孫的心中，以高聳其
敬慎爲政的精神，加強其爲政以德的理念，進而達到永固周室的目的，是周
人深刻體察歷史的作用之後，將其德治的理念運作在周族的歷史活動之中，
而蔚成周人特有的文化景觀。

雖然周人一再強調周是以世世修德以取天下，殷商之亡是由於商紂敗德
亂國之故，但是此一歷史事件的眞象是否純粹如此？即一方修德，立德；一
方敗德，亂德，而造成朝代的更替，政權的轉移？完全不涉及人的慾望與權
力的擴張？《詩經・魯頌・閟宮》透露了其中一點隱微的訊息：

后稷之孫，實維大王，居岐之陽，實始翦商。至于文武，纘大王
之緒。

說明文武滅商的鴻圖，是始自太王就已定下的長遠計劃，起初並不是因爲商
紂的暴虐無道。屈萬里先生博採史料，潛心參證，認爲文王「三分天下有其
二，以服事殷。」是「傳統的，人所共知的西周開國史。但，早期文獻中所
記述的史事，卻不是這樣。」頗有傳統說法過於理想之嫌之意，其言云：

《後漢書・西羌傳》注所引的《竹書紀年》，說周人在武乙和大丁
（文丁）時代，曾伐西落鬼戎、伐燕京之戎、伐無余之戎、伐始
呼之戎、伐翳徒之戎，可見季歷開拓疆域的雄心。《太平御覽》（卷
八三）所引《竹書紀年》，在帝乙二年，且明說「周人伐商」。從
甲骨的資料看來，殷周的關係，也時好時惡。根據這些記載，可
知自太王就開始翦商之說，應是可以相信的。武王不必說了；文
王也是纘太王之緒，從事這一任務的。《詩・大雅・皇矣篇》說文

王曾經伐密；《尚書・西伯戡黎篇》說西伯曾經滅黎；《尚書大傳》說他曾經伐于；《詩・大雅・皇矣篇》和〈文王有聲篇〉，以及僖公十九年《左傳》，都說文王曾經伐崇。從這些記載看來，可知〈閟宮〉之說，是合乎史實的。……

《史記・殷本紀》記載商紂的罪惡很多。……

可是太史公這些記載，大部分是根據戰國以來的傳說。拿早期的史料來對勘，知道有些事情是於古無徵；有些事情則未免過甚其辭。《尚書・多士篇》數商紂的罪惡，只說他「誕淫厥泆，罔顧於天顯民祗」；〈多方〉說他「逸厥逸，圖（鄙）厥政，不蠲烝（祭祀不夠清潔）；《詩・大雅・蕩篇》，和《史記》所引的〈太誓〉，以及後人述古之作的〈牧誓〉，也只說商紂酗酒，好聚斂，不好好地祭祀，專聽婦人的話，喜歡任用壞人作官。他的罪惡，不過如此。至於武王伐紂的戰事，也不像〈周本紀〉所說的那麼簡單。

武王伐取商紂，……也還「憝國九十有九國，馘魔（歷）億有十（七）萬七千七百七十有九，俘人二億萬有二百三十」；由此可見當時戰事的激烈。從而可知倒戈之說也未必是事實了。〔註25〕

如是，經屈先生剖析之後，所呈現的周初歷史，與《史記》所記述，孔孟所評價，以及雅頌所歌詠的周初歷史之間，似乎有一段距離存在，如不是故作調人之語，二者之間如何取得圓滿的共存關係？牟宗三先生的見解極好，其言云：

道德判斷是對一個人的行為問它是否依「當然之理」而行，即對行為之動機作研究，看其是否依一「無條件的命令」而發動，而無條件的命令是發自自由意志（或良知）的。歷史是由集團生命底行動而演成，故集團生命底行動（歷史性的事理之事）亦應接受道德判斷。但是歷史上的集團生命之行動是很少合乎嚴格的道德法則的，即有少分合者亦多夾雜不純。所以若只依道德判斷而論，則大部歷史便須抹去，那就是說，歷史引不進來。是以若想引進歷史，便須在道德判斷以外，復有歷史判斷。……歷史判斷即是辯證地通曉事

〔註25〕屈萬里：〈西周史事概述〉，《中國上古史——待定稿》，第三本，頁31～32。

理之辯證的判斷。〔註26〕

首先，雅頌中所記載周初祖先世世修德的歷史不能否認，需予以肯定；復次，屈先生所陳述的歷史事實也不能否定。我們可以這樣解釋，《史記》所言，孔孟所高舉的文武形象，以及雅頌所建立周初德治的歷史，是加入意義與作用的層次而加以演繹的歷史，即前所言，周族以修德愛民做為其政治的活動方向，雅頌、孔孟、《史記》即是把握住這一理念來修史、評史的，如是，周室世世修德的歷史不容抹煞，文王的崇高地位更不容抹煞，其存在的價值，是要透過周族以德治天下的理念來把握其歷史的意義與作用，不能從其始有問鼎中原的動機，而對其歷史做嚴格的「道德判斷」，以否定周人在政治上所做的一切努力，故而「文王三分天下有其二，以服事殷」的歷史評價，是要透過欲藉由歷史能彰顯出的意義與作用而予以肯定的歷史。至於周自太王「實始翦商」的意圖，與屈先生陳述的周初史實，則是放在「事實」的層面來看，此中的歷史，未加入對歷史所能彰顯的意義與作用的期待，純就事實記錄，故而所呈現的歷史面貌，便有人欲、權力的擴張等其他的質素雜於其間。

如是做過反覆的觀察、檢討之後，我們還需肯定周人把握住「修德愛民」的此一為政理念，以及肯定周人將此一理念貫注在他們歷史的實踐中所做的一切努力。

第二節　社會批判與德治的要求

西周晚葉，由於王道陵夷，禮教廢弛，加上內憂外患頻仍，導致社會動蕩不安，國勢日漸衰微。當時富於政治理想與批判精神的貴族，無不憂恤國政，亟於力挽狂瀾。他們敢於申明自己的政治觀點，指斥社會不平的現象與政治的黑暗，冀能匡亂扶危，補闕救失，反映這類內容的作品，可稱之為「批判詩」；至於這些貴族，則以「知識份子」名之。而執政者能容許匡正時弊的言論存在，乃是建立德治的一個重要措施。社會治安的維護，並非基於執政者單向的考慮，而是上下意見雙向的交流，共同關懷國是。故本節首論「知識份子的角色與功能」，次言知識份子要求「落實德治的原則」，末論「批判詩存在的意義」，以見周人如何自社會的層面建立德治。

〔註26〕牟宗三：《歷史哲學・三版自序》，頁7。

一、知識份子的角色與功能

1、知識份子的角色

「知識份子」是西方近代的名詞，用以指稱雅詩中對德治發出要求與批判的詩人，是否合宜？有必要先解釋「知識份子」此一名詞的由來。

歐洲有關「知識份子」的概念有兩個：一是 intelligentsia，另一個是 intellectual，這兩個字各有不同的歷史意義。Intelligentsia，就俄國來說，是指沙皇時期從西歐留學回來的人，他們帶回西歐的社會思想與生活方式，對當時落後的俄國，進行社會改革。波蘭社會學家 Gella 則認為 intelligentsia 的概念應是來自波蘭。西元一八六〇年左右，波蘭的知識份子構成一個文化同質性相當高的社會階層，當時的波蘭正處於分裂的狀況，他們勇於批評社會，以國家興亡為己任，形成反抗當時統治者的主要力量。Intellectual 這個字則來自法國，法文中的 intellectuals 是指一群在科學或學術上傑出的專家、教授與藝術家，他們批評政治，關懷國是，成為當時社會意識的中心。儘管 intelligentsia 與 intellectual 的歷史意義並不完全相同，但是，總括來說，西方傳統所界定的「知識份子」有其共同的特點——對社會具有強烈的意識，對政治採取批判的態度，並且往往不滿於現狀。這種特徵足以代表知識份子的基本風範。〔註27〕

在中國古代，與知識份子意義相近的名稱是「士」，但是士並非一開始就是指知識份子而言，〔註28〕其最初的意義，有些學者認為是指農夫；〔註29〕另一派的學者則認為是武士。〔註30〕饒宗頤先生在余英時所著的〈古代知識階層的興起與發展〉一文的「審查報告」裡，從甲骨、金文、和古代文獻中有關士的記載，詳加考究之後，得到的結論是：士是指男性，為掌事之官，西周文獻中的多士、庶士、諸士，均是同義，蓋指低級的任事官吏，包括府吏、邑宰、貴臣、教士等種種文武職官。（中國知識階層史論，頁 95～101）。由饒氏之文可以了解到，士並非單指農夫或武士，其原始的性格是文武兼資的。

〔註27〕 參葉啟政：〈從文化的觀點談知識份子〉，《知識份子與中國》，頁 24～26。
〔註28〕 「士」被認為是指「知識階層」，約始於春秋、戰國之交的孔子時代。余英時：《中國知識階層史論》，頁 4。
〔註29〕 如楊樹達：《積微居小學述林》，卷三「釋士」條；徐復觀：《兩漢思想史》，卷一「士義探源」，均認為士的原義是指農夫而言。
〔註30〕 如顧頡剛：《史林雜識初編》；張蔭麟：《中國上古史綱》，則認為士是指武士。

此外，士在封建社會是指某一特定的階層。孟子答北宮錡問周室班爵之制云：

> 君一位，卿一位，大夫一位，上士一位，中士一位，下士一位，凡六等。(《孟子・萬章下》)

《禮記・王制》曰：

> 諸侯之上大夫卿，下大夫，上士，中士，下士，凡五等。

《禮記・王制》不言「君一位」，故爲五等，事實上與孟子所言的班爵之制是相同的。《左傳》桓公二年師服曰：

> 吾聞國家之立也，本大而末小，是以能固，故天子建國，諸侯立家，
> 卿置側室，大夫有貳宗，士有隸子弟，庶人工商各有分親，皆有等衰。

此文所透露的政治階層結構，正可與《孟子》、《禮記》中所言相互爲證。如是，我們可以確知「士」是古代貴族階級中官職最低的一個階層，職當各部門的基層事務。

但是雅詩中要求建立德治的詩人，並不是一定是「士」這一階層的人物。二雅的作者，見於詩文所述者僅四篇：

(一)〈小雅・節南山〉：家父作誦，以究王訩。式訛爾心，以畜萬邦。
(二)〈小雅・巷伯〉：寺人孟子，作爲此詩，凡百君子，敬而聽之。
(三)〈大雅・崧高〉：吉甫作誦，其詩孔碩，其風肆好，以贈申伯。
(四)〈大雅・烝民〉：吉甫作誦，穆如清風。仲山甫永懷，以慰其心。

除此之外，其餘各篇的作者，均付之闕如。由於「士」在早期的文獻，代表各種低級的職官；在周代的政治結構裡，又代表特定的一個階層；再者，雅頌的作者多難稽考，無法確定作者的身份，基於這三點理由，故不以「士」指稱這些詩人。而以「知識份子」名之的理由有二：(一) 雅頌的作者多是貴族，而當時的王官之學，又爲貴族所獨有，因此，在封建制度的社會，只有貴族才掌握知識。(二) 這些詩人雖與西方知識份子各有不同的社會背景，但是就其具有強烈的社會意識與批判精神而言，則與西方知識份子無異，他們均爲國家力謀救亡圖存之道，疾聲呼籲重建安定的社會秩序，成爲當時社會的一股清流，就此而言，故以「知識份子」泛稱這些詩人。

2、知識份子的功能

知識份子以詩歌作為表達輿論的工具，是詩歌發展史上一個重要的傳統。中唐元白倡導「文章合為時而著，歌詩合為事而作」的文學理論，即傳承自《詩經》以詩歌諷諫時政，改造社會的精神，其言云：

> 洎周衰秦興，采詩官廢，上不以詩補察時政，下不以歌洩導人情。
> 乃至於謟成之風動，救失之道缺，於時六義始刓矣。〔註32〕

元白與雅頌中的知識份子，雖然以詩歌作為實現救世濟民的思想理念是相同的；但是元白更以「文章合為時而著，歌詩合為事而作」作為一種文學運動宣言，著重點是在詩歌文學的功能意義。而雅頌中的知識份子，則只是藉由詩歌表達知識份子應負的社會責任，人的功能意義遠勝於文學的功能意義。

雅頌中知識份子的功能，首在以反省的態度，批判的方式，向為政者指陳政治的缺失；進而擬出可能的對策，提供給執政者參考，以達到改革社會，穩定政治秩序的目的。也就是說，知識份子的主要功能，是作為社會的良知，反映社會的實情與問題。如果沒有知識份子為生民立命，為邦國圖謀的熱忱與意願，單憑執政者的意志與理念治國，則政治不是流於荒亂腐敗，就是變成專制獨裁，殷之亡國，〈大雅·蕩〉云：「匪上帝不時，殷不用舊，雖無老成人，尚有典刑。曾是莫聽，大命以傾。」商紂不接納忠言，廢棄舊典，一味孤意逆行，是導致覆亡的原因之一。

周之封建社會在西周晚葉至春秋初年，經歷了一次深刻的社會危機，《國語·周語》太子晉引〈大雅·桑柔〉諫周靈王時云：「自我先王厲、宣、幽、平而貪天禍，至于今未弭。」韋昭注曰：「此四王父子相繼，厲暴虐而流，宣不務農而料民，幽昏亂以滅西周，平不能修政，至于微弱，皆己行所致，故曰貪天禍，禍敗至今未止也。」〔註33〕這段話概括了西周、春秋之際，產生所謂「變風」、「變雅」的歷史背景。詩大序云：「至于王道衰，禮義廢，政教失，國異政，家殊俗，而變風、變雅作矣。國史明乎得失之跡，傷人倫之廢，哀刑政之苛，吟咏情性，以風其上，達于事變而懷其舊俗也。」「明乎得失之跡，傷人倫之廢，哀刑政之苛。」即是知識份子社會良知的本然發露，「吟咏情性，以風其上，達於事變而懷其舊俗也。」是知識份子藉由詩歌向為政者

〔註32〕白居易：《白氏長慶集·與元九書》，卷二八。
〔註33〕《國語·周語下》，卷三。

提出批評，以期達到改革社會，恢復舊有的社會秩序。三百篇中，就有作品明言是為諷諫的目的而寫的，如〈小雅・節南山〉：

> 昊天不平，我王不寧。不懲其心，覆怨其正。
> 家父作誦，以究王訩。式訛爾心，以畜萬邦。

此篇的詩旨，詩序謂：「家父刺幽王也。」但是第一章有：「節彼南山，維石巖巖。赫赫師尹，民具爾瞻。憂心如惔，不敢戲談。國既卒斬，何用不監！」之語，知詩所刺之人是師尹，而非幽王。而由「國既卒斬」一言，更知此詩是作於東周初年，而非幽王時詩。此詩乃家父（《正義》曰：「作詩……而自稱字者。」知「家父」為詩人之字。）指斥執政者任用姻亞，敗亂朝政之詩，是為「究王訩」而作的。〈小雅・巷伯〉：

> 彼譖人者，誰適與謀！取彼譖人，投畀豺虎；豺虎不食，投畀有北；
> 有北不受，投畀有昊。
> 楊園之道，猗于畝丘。寺人孟子，作為此詩，凡百君子，敬而聽之。

此詩創作的意圖極其明顯，寺人孟子斥責譖讒之人，並敬告同僚，希望凡為君子者，能聽其言，心存儆懼。〈小雅・四月〉：

> 匪鶉匪鳶，翰飛戾天，匪鱣匪鮪，潛逃于淵。
> 山有蕨薇，隰有杞桋，君子作歌，維以告哀。

國政日頹，社會淪敗，詩人幾乎無所遁逃於天地之間，「君子作歌，維以告哀」，其心之悲涼無力，只以哀字作結，無復他言了。〈大雅・桑柔〉：

> 嗟爾朋友！予豈不知而作？如彼飛蟲，時亦弋獲。既之陰女，反予
> 來赫。
> ……
> 民之未戾，職盜為寇。涼曰不可，覆背善詈。雖曰匪予，既作爾歌。

天下喪亂之多，主要均在為政者有如賊寇，上行下效，民亦邪僻，以致社會動蕩不安。而執政者尚言：一切的禍亂非因我而起，詩人卻不放過他嚴厲的指責，「既作爾歌」即是說：我（詩人）已寫下輿論來揭發為惡者的罪狀。

這些詩篇，或具名，或不具名，均強烈地申明創作的意圖和指斥的對象，不畏權勢，淋漓盡致地發揮知識份子應負的社會責任。

二、落實德治的原則

　　西周、春秋之際，知識份子的批判詩，主要呈現在二雅中，如大雅的〈民勞〉、〈板〉、〈蕩〉、〈桑柔〉、〈瞻卬〉、〈召旻〉，小雅的〈節南山〉、〈正月〉、〈十月之交〉、〈雨無正〉、〈小旻〉、〈大東〉、〈四月〉、〈北山〉等，這些作品均是作者直接取材於當時社會上的實情。面對流離喪亂、諸夏相伐的現狀，知識份子有極端情緒化的憤懣與嚴厲的指責，也有對時事深刻的反省與理性的訴求，都表現出當時知識份子的擔當，以及不滿現狀、要求改革的批判精神。從這些詩篇，可以尋繹出幾項有關重建政治與社會秩序的原則，這是二雅的知識份子，企圖透過詩歌的方式，表達出他們對政治的意見，以供執政者從事改革的參考。這幾點原則，不僅適用於當時的政治環境，同時，也適用於任何一個時代。我們發現，人類長久以來所爭取的一些價值或意義，諸如人道、合理、公平等，與兩千多年以前，封建社會中的知識份子所爭取的並無不同。至於這些原則在實際的政治體系中運作的成效如何？這是另一個層面的問題，不在二雅知識份子的考量之內。

　　這些原則的提出，泰半不是正面的建議，而是知識份子感到民瘼之深、國患之頻，從其批評的言論中歸納出的原則，故而這些原則的正面意義，多需要從這些反面批評的言論中翻轉得出，這是在探討之前必須先做說明的。

（一）使賢者在位

　　此中的在位者，是指輔弼天子、諸侯的重要官員，這些執政者的賢良與否，總是直接關係到政治的好壞，由於他們掌握實際運作政治的權力，一道命令的下達，在執政者而言，可能是一念之間的事；但是就其屬下或百姓而言，卻可能要以生命做為代價。一項決策的正確與否，攸關萬民的生活福祉，如斯重要的抉擇權力，君王應選擇德能兼具的賢者操持，不能任由小人亂政危國，顛倒是非，這是一個關懷政治的知識份子，必會注意到的問題，〈大雅・桑柔〉云：

　　　　維比惠君，民人所瞻。秉心宣猶，考慎其相。

德惠之君，能為眾民所瞻仰，就是因為能廣徵建言，審慎選用輔佐人才，使賢者在位，不肖者去之。而不惠之君則反是：

　　　　維此良人，弗求弗迪；維彼忍心，是顧是復。民之貪亂，寧為荼毒。

　　　　（〈大雅・桑柔〉）

> 日月告凶，不用其行。四國無政，不用其良。（〈小雅‧十月之交〉）

朝政敗亂，四國凶亡，乃是君主未能任用賢良，反而眷顧邪暴之人，使其居位亂國之故。百姓於無所適從，備受欺凌之下，極易形成反動的風潮，「民反」通常是由「官逼」所造成，「民之貪亂，寧為荼毒」，願天下大亂，寧受荼苦！這是民心衰亂到極點，才會產生的激越之辭！可以想見，執政者加諸百姓的痛苦何等之深！殷商之亡，未有賢良輔佐，亦是一因，〈大雅‧蕩〉云：

> 咨女殷商，女炰烋于中國，斂怨以為德。不明爾德，時無背無側；
> 爾德不明，以無陪無卿。

一個氣健驕傲，又無良卿賢臣輔佐的君王，其政事會招致怨仇，是必然的結果。哀公曾問孔子：「何為則民服？」孔子的答覆是：「舉直錯諸枉，則民服。舉枉錯諸直，則民不服。」（《論語‧為政》）用人得當與否，不僅關係天下蒼生的福祉，同時也關係到人君邦國的興衰，故而，使賢者在位，能者在職，是建立德治的一個基本要求。

（二）惠 民

德治的基本任務，在加惠於民。上一節從周初的歷史談德治的建立，其中有關周室先王所建立的功業，無一不是惠民的事業。但彼是就周天子與周室的歷史立說，此則泛指一般的執政者而言。就二雅中幾篇批判詩談到有關惠民的部分，可歸納出較具體的惠民方式有：

1、安 民

使人民生活安定，是執政者的職責，知識份子陳戒執政者，以安民為務之詩，以〈大雅‧民勞〉表現得最為明顯：

> 民亦勞止，汔可小康。惠此中國，以綏四方。無縱詭隨，以謹無良。
> 式遏寇虐，憯不畏明。柔遠能邇，以定我王。
> 民亦勞止，汔可小休。惠此中國，以為民逑。無縱詭隨，以謹惽怓。
> 式遏寇虐，無俾民憂。無棄爾勞，以為王休。
> 民亦勞止，汔可小息。惠此京師，以綏四國。無縱詭隨，以謹罔極。
> 式遏寇虐，無俾作慝。敬慎威儀，以近有德。
> 民亦勞止，汔可小愒。惠此中國，俾民憂泄。無縱詭隨，以謹醜厲。

式遏寇虐，無俾正敗。戎雖小子，而式弘大。

民亦勞止，汔可小安。惠此中國，國無有殘。無縱詭隨，以謹繾綣。

式遏寇虐，無俾正反。王欲玉女，是用大諫。

國以民爲本，民勞則國危。今人民疲弊已極，實應使其休養生息！這是知識份子憂時感事，向執政者發出的籲求。從「戎雖小子，而式弘大」與「王欲玉女，是用大諫」，知詩人必有所指，此執政者應是君王所重用之人，故詩人望其無縱詭隨，遏止寇虐，以近有德。無良、憮恔、罔極、醜厲、繾綣，均是形容小人之狀，惟執政者能惠愛國人，無使小人作慝，無使百姓憂泄，方能安定邦國，使四方咸來歸順。

2、養　民

民以食爲天，德治的第一要務，乃是使民眾免於飢寒之苦，使無匱乏之虞，故子貢問政，子曰：「足食，足兵，民信之矣。」子貢曰：「必不得已而去，於斯三者何先？」子曰：「去兵。」子貢曰：「必不得已而去，於斯二者何先？」子曰：「去食。自古皆有死，民無信不立。」（《論語‧顏淵》）就理想的層次而言，以民信爲重，因執政者若不信守承諾，朝令夕改，影響所及，恐非止民生的問題而已。但是就現實的層次而言，當以足食爲重。詩云：

天之方懠，無爲夸毗。威儀卒迷，善人載尸。民之方殿屎，則莫我敢葵。喪亂蔑資，曾莫惠我師。（〈大雅‧板〉）

民之哀吟，是因「喪亂蔑資」，詩人質問，國中所謂善人，竟無人能布施惠民？善人僅是徒具形軀而已！〈大雅‧桑柔〉也強烈地批評那些尸位素餐、力民代食之人，從批評的言詞裡，可以反觀養民的重要：

國步蔑資，天不我將。靡所止疑，云徂何往？君子實維，秉心無競。誰生厲階？至今爲梗。

……

如彼遡風，亦孔之僾。民有肅心，荓云不逮。好是稼穡，力民代食；稼穡維寶，代食維好。

天降喪亂，滅我立王。降此蟊賊，稼穡卒痒。哀恫中國，具贅卒荒。靡有旅力，以念穹蒼。

詩言民用匱乏，此乃是「好是稼穡，力民代食」者所造成的景況，其人專事聚斂，取民食祿，尚還說：「代食爲好！」如斯無理蠻橫，實令人痛絕！詩人的諍言，無非是希望執政者能重視民生問題，使民得有養生之資。

3、導　民

教化百姓，是爲政者理當負起的職責之一，民之易導，如水之就下，若「上好禮，則民莫敢不敬。上好義，則民莫敢不服。上好信，則民莫敢不用情。」（《論語・子路》）故而，執政者當爲民表率，導民向善，勿自立僻，侵暴下民，〈大雅・板〉詩云：

> 天之牖民，如壎如箎，如璋如圭，如取如攜。攜無曰益，牖民孔易。
> 民之多辟，無自立辟。

言天之導民（《毛傳》：牖，導也。）如壎箎之相和，如璋圭之相合，如攜物之必從。民甚易導，應提攜之，使之向善，而勿加以扼制〔註 34〕。然今民多邪僻，乃是執政者之過，知識份子批評當局曰：「無自立辟！」勿侵虐下民，使民風轉趨涼薄。

安民、養民、導民，均是惠民的具體意義，雖然這些概念在雅詩中並未呈現十分明晰的理論結構，但是仔細探索字裡行間的涵義，的確可以尋繹出這些德治思想的內容。而這些爲政的理念，在後世孔孟的學說中，均有形跡可尋，「老者安之，朋友信之，少者懷之」（《論語・公冶長》），「寬則得眾，惠則足以使民」（《論語・陽貨》），「其養民也惠」（《論語・公冶長》），「百姓足，君孰與不足？百姓不足，君孰與足？」（《論語・顏淵》）「不教而殺謂之虐，不戒視成謂之暴」（《論語・堯曰》），「桀紂之失天下也，失其民也；失其民者，失其心也。得天下有道，得其民，斯得天下矣；得其民有道，得其心，斯得民矣；得其心有道，所欲與之聚之，所惡勿施爾也。」（《孟子・離婁上》）此中表現出爲政者與民眾的關係，均是一種和諧的人道關係，反對殘暴的壓迫與侵虐。德政的內容，必須與民眾的現實生活息息相關，「庶之」，「富之」，「教之」（《論語・子路》），是爲政者應當擔負的政治責任，雅詩中知識份子向當局發出強烈的批評，即是導源於執政者這種責任心的喪失。

〔註34〕屈萬里先生《詩經詮釋》：「益，當讀爲搤，扼也。」頁508。

（三）合理的原則

是指執政者的政治行爲，當符合眾人認定的道理行事。如政治上的種種措施均能立足在合理的原則上，當能削減社會上的亂爭，止息百姓對當局的怨懟。但是在以下諸詩裡，卻充斥著各種是非混淆、價值顛倒、刑罰錯亂的現象：

> 抑此皇父，豈曰不時？胡爲我作，不即我謀？徹我牆屋。田卒汙萊。
> 曰予不戕，禮則然矣。（〈小雅・十月之交〉）

此詩把皇父跋扈險橫的惡象描繪得極其深刻，皇父倒行逆施，摧毀他人的家園，令人流離失所，無處棲息，而權傾一時的皇父竟然還說：「非我害汝，禮當如是！」社會的價值標準，在這幫權勢熾盛的群小中，已蕩然無存！

> 浩浩昊天，不駿其德。降喪饑饉，斬伐四國。昊天疾威，弗慮弗圖。
> 舍彼有罪，既伏其辜；若此無罪，淪胥以鋪。（〈小雅・雨無正〉）

> 瞻卬昊天，則不我惠。孔填不寧，降此大厲。邦靡有定，士民其瘵。
> 蟊賊蟊疾，靡有夷屆。罪罟不收，靡有夷瘳。
> 人有土田，女反有之；人有民人，女覆奪之。此宜無罪，女反收之；
> 彼宜有罪，女覆說之。哲夫成城，哲婦傾城。（〈大雅・瞻卬〉）

昊天降喪饑饉，社會破敗，士民瘵瘵，再加上司法不彰，刑罰不中，有罪者逍遙法外，無罪者身繫囹圄，統治者對於人民的田產、生命，予取予奪，這種暴虐的行徑，已破壞社會的安寧。

> 彼有旨酒，又有嘉殽；洽比其鄰，昏姻孔云。念我獨兮，憂心慇慇。
> 佌佌彼有屋，蔌蔌方有穀。民今之無祿，天夭是椓。哿矣富人，哀
> 此惸獨。（〈小雅・正月〉）

> 有饛簋飧，有捄棘匕。周道如砥，其直如矢；君子所履，小人所視。
> 睠言顧之，潸焉出涕。
> 小東大東，杼柚其空。糾糾葛屨，可以履霜。佻佻公子，行彼周行。
> 既往既來，使我心疚。
> ……
> 東人之子，職勞不來；西人之子，粲粲衣服；舟人之子，熊羆是裘；

私人之子，百僚是試。

或以其酒，不以其漿。鞙鞙佩璲，不以其長。維天有漢，監亦有光。
跂彼織女，終日七襄。（〈小雅‧大東〉）

陟彼北山，言采其杞。偕偕士子，朝夕從事。王事靡盬，憂我父母。
溥天之下，莫非王土，率土之濱，莫非王臣。大夫不均，我從事獨賢。
四牡彭彭，王事傍傍。嘉我未老，鮮我方將，旅力方剛，經營四方。
或燕燕居息，或盡瘁事國，或息偃在床，或不已于行。
或不知叫號，或慘慘劬勞；或棲遲偃仰，或王事鞅掌。
或湛樂飲酒，或慘慘畏咎；或出入風議，或靡事不為。（〈小雅‧北
山〉）

〈正月〉一詩，言富貴、優渥的生活，只存在於親友、婚姻締結的關係之間，
彼此此群小，竟有華堂麗屋可居，薪薪瑣陋之人，也有珍饈美饌可食，但是
一般的民眾，卻連養生之資也無！〈大東〉一詩，則是傷痛東國賦役繁重，
人民勞苦，而西方的紈袴公子，無需服事勞役，就能盡取東方之人的賦貢，
馳遊於周道之上，生活驕奢縱肆，粲服皮裘，佩玉飾金，視酒不如漿水，任
意耗費，東西方如此懸殊的生活境遇，東國之人何能不有「潸焉出涕」，「使
我心疚」之感。〈北山〉一詩更深入描寫勞役不均的現象，「或燕燕居息，或
盡瘁國事」，「或慘慘劬勞」，「或湛樂飲酒」，這種勞逸不平的強烈對比，知識
份子明白指出，正是「大夫不均」所導致的結果。

人的努力，並不能帶來預期的成果，政治措施的不合理，影響了人民正
常的生活，如不合理的事件漸次累積，必然會造成民眾的不滿與反抗。知識
份子憂慮社會秩序將面臨瓦解與崩潰的危機，故而「出入風議」，指陳時政的
缺失，無非是要當局返回合理的執政原則，以求社會的安定，此當是知識份
子用心之所在！

三、批判詩存在的意義

規諫箴戒的傳統，在我國有相當久遠的歷史，因其對政治的影響力，向
來受到知識份子的重視。至於表達規諫的形式，則因時而異，《淮南子‧主術
訓》卷九云：「堯置敢諫之鼓也，舜立誹謗之木。」《管子‧桓公問》卷六云：
「禹立諫鼓於朝。」《史記‧孝文本紀》卷十云：：「古之治天下，朝有進善

之旂，誹謗之木，所以通治道而來諫者。」《後漢書‧楊震傳》卷五四云：「臣聞堯舜之時，諫鼓謗木，立之于朝。所以達聰明，開不諱，博采負薪，盡極下情也。」堯舜時代，立諫鼓謗木，雖屬傳聞之辭，但是應有若干事實的遺痕存在，從中可以見出，在早期的歷史中，進諫誹謗不僅是被允許的，而且還受到當局者的鼓勵。

　　傳說時代的遺俗，進入西周封建社會以後，以新的形式被保留下來，《詩經》二雅中大量的批判詩，呈顯了規諫傳統流風的新姿。「規諫」本身，是改革政治的一種方式，其意義則是豁顯在使用者的身上，一是知識份子，即寫下這些批判詩的作者；一是接納這些詩歌的執政者。前者是主動地向執政者提出批判規諫，這在「知識份子的功能」一節中已詳言；而後者是希望從批判詩中了解施政的良窳，以期達到改革政治的目的。執政者的這番用意，可從采詩與獻詩制度的存在來說明，典籍中言及采詩之說者，如《左傳》襄公十四年師曠對晉侯云：

> 自王以下，各有父兄子弟以補察其政，史為書，瞽為詩，工誦箴諫，大夫規誨，士傳言，庶人謗，商旅於市，百工獻藝，故《夏書》曰：遒人以木鐸徇于路。官師相規，工執藝事以諫，正月孟春，以是乎有之，諫失常也。

《禮記‧王制》：

> 天子五年一巡守。歲二月東巡守，至于岱宗。……覲諸侯，問百年者就見之。命大師陳詩，以觀民風。……五月南巡守，至于南嶽，如東巡守之禮。八月西巡守，至于西嶽，如南巡守之禮。十有一月北巡守，至于北嶽，如西巡守之禮。

《漢書‧藝文志》：

> 古有采詩之官，王者所以觀風俗，知得失，自考正也。

《漢書‧食貨志》：

> 孟春之月，群居者將散，行人振木鐸徇于路以采詩，獻之太師，比其音律，以聞於天子，故曰：王者不窺牖戶而知天下。

《說文》兀部迣字下：

迅，古之遒人，以木鐸記詩言。

以上各文所引，對於采詩之人、時間、方式的記載雖然不盡相同，但是在采集民間歌謠，作爲天子補察時政之由則一。獻詩之說，如《國語‧周語上》云：

天子聽政，使公卿至於列士獻詩。瞽獻曲、史獻書、師箴、瞍賦、矇誦、百工諫、庶人傳語、近臣盡規，親戚補察，瞽史教誨，耆艾修之，而後王斟酌焉，是以行事而不悖。

《毛詩‧卷阿傳》云：

明王使公卿獻詩以陳其志，遂爲工詩之歌焉。

獻詩與采詩之別，在於獻詩乃是公卿大夫列士自呈詩歌於天子；采詩則是天子派遣專人到各地採集歌謠，但是二者的目的均是相同，是使下情得以上達，天子藉此以觀民風，知民情，作爲施政的參考。儘管我們無法將整部《詩經》視爲「諫書」，但是不可否認，《詩經》的編纂，是當初的爲政者懷抱這樣一份淑世的理想而結集成書的，此一編集的目的，與部分作者爲經世濟民而創作詩歌的理念，乃是相同的。

從上文的論述，這些批判詩的存在，可以歸結出幾點重要的意義：

（一）當時的知識份子或百姓，實際上均享有議事、議政的權利，可以藉由詩歌表達諷誦者的褒貶好惡。

（二）這些批判政治、社會的詩歌，在產生與流傳的時候，並沒有受到統治階層的阻撓或排斥，如果當時寫詩譏諷時弊，會遭受統治者的誅罰，如後世動輒以言治罪，大興文字獄，恐怕很難有這樣大量的批判詩之產生與流布，更遑論將之編入詩經之中。這說明當時的人擁有相當充分的言論自由。

（三）統治階層所以能採納諫言，「不立謗訕之法，不重妖言之誅」，認可刺詩的問世和流傳，目的在於維護社會的安定。所謂「福在受諫，基在愛民，固在親賢」（《汲冢周書‧玉佩解》，卷九），給予人們議政的權利，言論的自由，無非是要「決之使導」，從而避免「川壅而潰」（《國語‧周語上》）的政治危機。

周人另一個德治思想的延伸點，便建立在這些批判詩所顯現的議政的權利，言論的自由，以及統治者採納諫言的意義之上。

第三節　天命思想與德治的關係

　　天命思想，是思想史上一個重要的研討課題，它的出現，在西周初年，而它的出現，在文化上象徵一個重要的意義：代表歷史文化從神權階段過渡到人文階段的一個里程碑。在政治上，它結合道德與政治的一個必然關係，這個關係原只存在於君王的層面，到春秋戰國以後，才慢慢往下擴展，延及諸侯、大夫、以至於庶人，形成民族文化中一個特殊的思想信仰。

　　天命思想呈現在周人早期的典籍中，主要是《詩經》和《尚書》，本文係就《詩經》雅頌中的天命思想而論，其天命思想是屬於天命思想發展中的早期階段，仍處在君王的層面，尚未下及諸侯百姓，因此本節討論的內容，詳細地說，是天命思想與君王政治理念之間的關係，分三個子題論述：（一）天、帝的信仰與天命思想；（二）天命與德治的關係；（三）天之概念的式微，希望從宗教信仰的角度，來看周人德治的建立。

一、帝、天的信仰與天命思想

　　上帝與天是國商、周時期所崇拜的對象，與天命思想的發生有直接的關連。研究天命思想之前，對這兩個根源性的觀念，有做一番探討的必要。過去的一些學者常將上帝、天、天命三者混淆，視為同一個概念，忽略它們生起時不同的文化背景和嬗替之跡。這種現象，造成對上帝、天、與天命的詮釋，陷入混亂的狀況。本文根據甲骨、金文，與《詩》、《書》中的資料，以及一些近人的專著論文，再一次檢討上帝、天、天命三個觀念，希望能獲得較清晰的描述與判斷。

1、釋　帝

　　帝或是上帝，是古人想像中的宇宙主宰者。由於《詩經》、《尚書》的文獻中，帝與天常可互換使用，因而導致人們誤以為帝、天兩個觀念發生的起始，即具有共同的涵義。其實帝、天在殷商甲骨、金文的資料裡，分別代表不同的內涵。殷人稱其至上神為帝，而不稱為天，郭沫若於〈先秦天道觀之進展〉中就指出：「卜辭稱至上神為帝，為上帝，但絕不曾稱之為天。」〔註35〕張桂光於

〔註35〕郭沫若：《青銅時代》，頁321。

「殷周帝天觀念考索」中也說：「『帝』做爲至上神出現的卜辭和殷末金文就有兩百多條，而在眾多的甲骨文字中，作爲至上神稱謂的『天』字一次也沒有出現過。」〔註36〕由是得知，殷商時期稱至上神爲帝、或上帝，而不使用「天」的稱謂。

帝字於殷商卜辭中，除了作爲至上神的解釋之外，尙可作爲帝王廟號與帝祭使用，田倩君先生云：

> 帝字于殷盧卜辭中即代表天神，其初期卜辭祇稱帝，後期則加一上字，即上帝之意，上帝多是合文，如乙編五七五末，甲編七七九末。
> 以殷代人王無稱帝者，皆稱王，至第二期以後始有以帝爲廟號者。
> 帝字于殷代有三種用法：
> 1、用作天神者，如「上帝」。
> 2、用作帝王廟號者，如「帝甲」「文武帝」「帝乙」「帝辛」等。
> 3、用作帝祭，（作動詞）古文不加示旁，後加示旁變作禘，即後世禘祭。〔註37〕

胡厚宣云：

> 殷人已有至上天神之觀念，武丁時卜辭名之爲帝，……又稱上帝。……同時隨社會之進化，王權漸漸擴張，人王亦可稱帝。〔註38〕

而《尙書》中帝字的使用，也有作爲至上神，或人君稱謂者，以「上帝」二字出現者，均作至上神之義；單用「帝」字者，或作至上神解釋，或指人君而言，如：

> 夏氏有罪，予畏上帝，不敢不正。（〈湯誓〉）
>
> 肆上帝對復我高祖之德，亂越我家。（〈盤庚下〉）
>
> 皇天上帝，改厥元子茲大國殷之命。（〈召誥〉）

文中的「上帝」均作至上神解釋。單用「帝」字作爲至上神的稱謂者，如：

〔註36〕張桂光：〈殷周章天觀念考索〉，《華南師範大學學報》，1984年，第二期，頁105。

〔註37〕田倩君：〈從天、帝二字探討中國文化之起原〉，《人文學報》，第一期，頁389。

〔註38〕胡厚宣：《甲骨學商史論叢初集》，上冊，頁328～329。

皇極之敷言,是彝是訓,于帝其訓。(〈洪範〉)

乃命于帝庭,敷佑四方。(〈金縢〉)

我西土惟時怙冒,聞于上帝,帝休。(〈康誥〉)

帝作爲人君的解釋者,如:

若稽古帝堯。(〈堯典〉)

禹曰:吁!咸若時,惟帝其難之。(〈皋陶謨〉)

自成湯至于帝乙,成王畏相。(〈酒誥〉)

「古帝堯」即是指唐堯;「惟帝其難之」的帝是指虞舜;「帝乙」是指紂父。
這三則的帝字均作人君解。但是《詩經》中的帝與上帝的意思完全相同,均
祇作至上神解釋,而不作爲人君的稱謂,如:

有皇上帝,伊誰云憎。(〈小雅·正月〉)

文王陟降,在帝左右。(〈大雅·文王〉)

維此文王,小心翼翼,昭事上帝。(〈大雅·大明〉)

皇矣上帝,臨下有赫。(〈大雅·皇矣〉)

貽我來牟,帝命率育,無此疆爾界,陳常于時夏。(〈周頌·思文〉)

明昭上帝,迄用康年。(〈周頌·臣工〉)

由上文所舉各例可知,《詩經》中的帝與上帝具有同樣的意義,均指至上神而
言。《詩經》、《尚書》同是周代的文獻,何以二者文中的帝、與上帝的涵義會
有不同?黎建球先生云:

《詩經》多半是記載周文王以後的事蹟,因此,其時代以西周爲主,
西周以前爲副;而西周人對君王的稱呼很少用「帝」。但《書經》就
不同了,因爲《書經》中不祇是記載了周朝的事蹟,也記載了周以
前的堯舜禹湯諸帝王的事蹟,對於這些德行深厚,蒙受上帝喜愛的
君王,早已被後人神化了,因此,祇有用「帝」這一個字才能表達
其尊崇之意。〔註39〕

────────────

〔註39〕 黎建球:〈詩經與書經中的帝與天〉,《哲學論集》,第五期,頁 4。

黎氏說《詩經》的時代以西周爲主，是有待商榷的看法，但他的解釋卻給予一個啓示：《尚書》比《詩經》保留較多早期文化的痕跡。因此，殷商的甲骨、金文，與《尚書》中部分的帝字，均有作爲人君之稱謂者；而《詩經》的內容多以周代爲主，周人對君王的稱謂不使用帝字，故而《詩經》中出現的帝字均祇作爲至上神的解釋而已。

2、釋　天

天字在殷墟卜辭和商代的金文中，所出現的次數相當多，所包含的意思也較帝字豐富，但卻沒有作爲至上神的解釋者，張桂光云：

> 「天」字在殷虛卜辭和殷末金文中不僅出現次數不少，而且所包含的義項也很豐富，如「弗疾朕天」（乙九〇六七）的天用的是本義，指人的頭頂；「天邑商」（乙六六九〇），「天庚」（乙六六九〇）的天用的是引申義，指高、上（過去有人曾據「天邑商」又作「大邑商」……我認爲是不正確的，因爲「天」，「大」兩字形體判然有別）；「王田天，往來亡灾」（前二、二七、八），「天方不其来正」（合八七）的天是地名或方國之稱；「天乍从」（殷末銅器天乍从尊）的天是用爲族名，等等。由此可見，「天」字在殷人的頭腦裡壓根兒就沒有至上神的觀念。
> 〔註40〕

天字在殷人使用的涵義裡，據張氏的歸納有：（一）指人頭頂上的天；（二）指高、上的意思；（三）指地名或方國之名；（四）指族名，然而都不曾稱其爲至上神之意。田倩君先生亦云：

> 天字于前期金文中業已出現于「天鼎」（殷文存），然天字于甲骨文中並無上帝之意，唯指人之最上之處則頂也，頂最上之處則天也〔註41〕。

天字作爲至上神解釋，是周人才有的觀念，雖然《詩經・商頌》與《尚書・商書》中，天也有作爲至上神的解釋者，但是商頌與商書均是後人的追述之作，〔註42〕無法視爲當時的典籍來看。田倩君先生認爲天字出現至上神的意

〔註40〕張桂光：〈殷周帝天觀念考索〉，頁105。
〔註41〕田倩君：〈從天、帝二字探討中國文化之起源〉，頁385。
〔註42〕蓋商頌因名爲商，故〈詩序〉、《鄭譜》、《國語・魯語下》、以至於清之姚際恒、馬瑞辰、陳奐等人，以爲商頌應產生於商代。其實商頌是周時宋人所作，魏

義是「周武王時之『大豐段』始有天神之意」〔註 43〕。但是大陸新近出土的資料顯示，天字作爲至上神解釋的年代，還可以往前推進，張桂光云：

> 周原甲骨是一九七七年在陝西岐山縣鳳雛村發現的，其所屬年代下限可達到西周的成康時期，但絕大部分還是周文王時期的遺物。周原甲骨總共一七○○○多片，……「天」字出現就有好幾處，……如 **H₁**：二四的「乍（作）天立（位）」與 **H₁**：九六的「小告于天，西亡咎」兩片，「天」字都明顯指的是至上神。前者是指建築祀天之所，即築天室或安置象徵天這一至上神的神主牌之類；後者的小告是祭名，文王稱西伯，西當指邦周，辭意是對天舉行小告之祭，以求周土沒有凶險、禍患。可見早在殷朝滅亡以前，即周族還作爲殷人的附庸的周文王時代，「天」字就已被賦予了至上神的意義，成爲人們崇拜，祭祀的對象了。〔註 44〕

從上文的引證，可以得到一個結論：殷人的至上神是稱帝、或上帝，而不稱爲天；周人則稱之爲天，其對天神的崇拜始於克商之前，並非滅商之後才尊天爲其至上神。

　　從《詩》、《書》的典籍來看，天的記載多過於帝，這可能是因爲天自始即是周人所崇拜的對象。《詩經》雅頌中天字使用的次數繁多，意義也不盡相同，約略而言，可以分爲兩大類型：

　　（一）自然天：自然天者，是指純粹天然生成、蒼茫冥漠的宇宙天，無情感意志，也不涉及形上的理序，如：

　　鴥彼飛隼，其飛戾天。（〈小雅・采芑〉）

源《詩古微》、皮錫瑞《詩經通論》均舉證駁斥商頌係屬商詩之說，王國維又於「說商頌」一文中，以商頌殷武有：「陟彼景山，松柏丸丸。」一語；以及商頌所見之人名、地名與殷時之稱不類，反與周時之稱相類，證明商頌確爲宋人的作品。詳見《觀堂集林》，卷二，〈說商頌〉。

商書五篇，也都是後人的追述之作。〈盤庚〉的年代，已於「周文獻中所見的『德』字」一節中做過說明。至於〈湯誓〉、〈高宗肜日〉、〈西伯戡黎〉、〈微子〉四篇，因文辭都很淺顯；再者，「〈湯誓〉已充滿弔民伐罪的思想，〈高宗肜日〉已稱祖己曰祖，〈西伯戡黎〉也稱祖伊曰祖，這都不是當時所有的思想或稱謂。」因此屈萬里先生認爲，這四篇「大約也都是戰國時人的述古之作。」《先秦文史資料考辨》，頁 322。

〔註 43〕 田倩君：〈從天、帝二字探討中國文化之起源〉，頁 386。
〔註 44〕 張桂光：《殷周帝天觀念考索》，頁 106。

> 鶴鳴于九皋，聲聞于天。(〈小雅·鶴鳴〉)
>
> 宛彼鳴鳩，翰飛戾天。(〈小雅·小宛〉)
>
> 上天同雲，雨雪雰雰。(〈小雅·信南山〉)
>
> 有鳥高飛，亦傅于天。(〈小雅·菀柳〉)
>
> 倬彼雲漢，爲章于天。(〈大雅·棫樸〉)
>
> 鳶飛戾天，魚躍在淵。(〈大雅·旱麓〉)

此中的天，均是指自然界那片蒼蒼昊天。此義下的天字，在雅頌中並不含有特別重要的地位或義蘊，多半是作爲詩章開頭的起興之語，如「鴥彼飛隼，其飛戾天」，是爲興起下文「方叔涖止，其車三千，師干之試。……」之詞；「宛彼鳴鳩，翰飛戾天」與「鳶飛戾天，魚躍在淵」亦然。而「鶴鳴于九皋，聲聞于天」，「上天同雲，雨雪雰雰」，「倬彼雲漢，爲章于天」等，則是帶著修飾、譬喻他文的作用，其中的天字，在詩文裡均不具有主要或主導性的地位。

（二）人格天：人格天即前文討論甚多、具有至上神意義的天。此天具有如同人所有的感情、意志，並能由其感情、意志衍生行爲，以主宰宇宙萬物的一切現象。故而祂是周人心目中崇拜敬畏的對象，成爲周族膜拜祭祀的至上神。如：

> 天保定爾，亦孔之固。俾爾單厚，何福不除？俾爾多益，以莫不庶。天保定爾，俾爾戩穀。罄無不宜，受天百祿。降爾遐福，維日不足。天保定爾，以莫不興。如山如阜，如岡如陵，如川之方至，以莫不增。(〈小雅·天保〉)
>
> 旻天疾威，敷于下土。謀猶回遹，何日斯沮！(〈小雅·小旻〉)
>
> 悠悠昊天，曰父母且！無罪無辜，亂如此憮。昊天已威，予愼無罪；昊天大憮，予愼無辜。(〈小雅·巧言〉)
>
> 假樂君子，顯顯令德。宜民宜人，受祿于天。保右命之，自天申之。(〈大雅·假樂〉)
>
> 倬彼雲漢，昭回于天。王曰：於乎！何辜今之人！天降喪亂，饑饉薦臻。靡神不舉，靡愛斯牲。圭璧既卒，寧莫我聽。(〈大雅·雲漢〉)

我將我享，維羊維牛。維天其右之。儀刑文王之典，日靖四方。伊嘏
文王，既右饗之。我其夙夜，畏天之威，于時保之。（〈周頌・我將〉）

於此，天有喜怒的情感，與賞罰的意願，能主宰人間的吉凶禍福。〈天保〉、〈假
樂〉、〈我將〉各章，言天能降受福祿，保佑君子人民；〈小旻〉、〈巧言〉、〈雲
漢〉各章，則言天施疾威，降喪饑饉，荼苦百姓，此均充分顯現一人格天所
具有的性格。天的另一個重要的角色，是作為人間政權轉移的監視者，詩云：

天監在下，有命既集。文王初載，天作之合。在洽之陽，在渭之涘。
文王嘉止，大邦有子。（〈大雅・文王〉）

天生烝民，有物有則。民之秉彝，好是懿德。天監有周，昭假于下。
保茲天子，生仲山甫。（〈大雅・烝民〉）

〈大明〉一章，言天視下民之事，乃降天命，就於有周，於文王初年，為文
王作配嘉偶。〈烝民〉為首四句，最為儒者所樂道，言天生眾民，有是物必有
是則，「則」是行事一定的道理或原則。民之生活行事，莫不有法則，而民所
秉持的常道，便是愛好有美德之人。天監有周能承天命，故保佑此天子（指
宣王），生仲山甫以輔之──天在此尚是造生者的角色。這兩章關於天為監視
者的義蘊，均可與〈大雅・皇矣〉云：「皇矣上帝，臨下有赫，監觀四方，求
民之莫。」之義互通。天能監管人間的政權、生命、禍福，又有喜怒的行為、
情感，凡此均說明天是一具有人格的神祇。雅頌中出現「人格天」的次數相
當多，遠勝於自然天出現的次數，〔註45〕與人事的關係也甚為密切，在一篇
或一章詩裡，通常具有舉足輕重的地位，此遠非「自然天」作為一種陪襯性
質的作用所能比擬的。

3、帝與天的關係

從上文對帝、天觀念的考索得知，帝是殷人的至上神；天是周人的至上
神，帝則是繼承殷人而來的至上神。因為在商代卜辭中的至上神，有稱帝或
上帝，但絕無稱天者，此其一；其二，在周原發現的甲骨中，文王時代周人

〔註45〕雅頌中屬「自然天」者，約出現十餘次；屬「人格天」者，約出現八十餘次。
又，國風中天字共出現十七次，多屬「自然天」。其出現的次數與雅頌相較，
顯然減少許多，此意味貴族階層有意識地，且大量地使用天這個概念，其與
人事的關係相當密切。

已稱天為至上神，此一觀念並非滅商之後才出現，這代表帝、天觀念有其不同的起源。但是在《詩經》、《尚書》、以至於周人的金文中，帝與天卻有混用的事實存在，如《詩經》云：

> 文王在上，於昭於天，周雖舊邦，其命維新。有周不顯，帝命不時。
> （〈大雅・文王〉）

> 帝遷明德，串夷載路，天立厥配，受命既固。（〈大雅・皇矣〉）

> 疾威上帝，其命多辟；天生烝民，其命匪諶。（〈大雅・蕩〉）

> 昊天上帝，則我不遺。
> 昊天上帝，寧俾我遯。
> 昊天上帝，則我不虞。（〈大雅・雲漢〉）

《尚書》云：

> 予惟小子不敢替上帝命。天休于寧王，興我小邦周；寧王惟卜用，克綏受茲命。（〈大誥〉）

> 冒聞于上帝，帝休。天乃大命文王，殪戎殷，誕受厥命。（〈康誥〉）

> 肆爾多士，非我小國改弋殷命，惟天不畀允罔固亂，弼我；我其敢求位？惟帝不畀，惟我下民秉為，惟天明畏。（〈多士〉）

> 成湯既受命，時則有若伊尹，格于皇天。……在太戊，時則有若伊陟、臣扈，格于上帝。（〈君奭〉）

金文也有：

> 天亡又王。衣祀珏王。不顯考文王，事喜上帝。（〈大豐殷〉）

> 崇崇成湯，又敢在帝所，專受天命，刪伐頂司。（〈叔夷鐘〉）

凡此都顯示帝、天混用的現象相當普遍，因此有些學者便誤以為帝、天觀念在原始時，即具有至上神的共同意義。帝、天觀念既有其不同的起源，何以在周人的文獻中會有混用的現象發生？多數的學者從文化與政治的因素來考量，韋政通先生云：

> 帝在周所以與天混合，一是由于殷亡國，殷周文化自然同化的結果。

一是由于周朝統治者所用的政治手段，企圖由承認殷人崇拜的上帝，因而消除其敵意，臣服于新朝。但在一個統治集團所轄的範圍中，不能同時保有兩個至上神，所以帝天混而爲一。〔註46〕

張桂光亦云：

> 在滅殷以前，由於殷人國力強大，「帝」的威嚴在殷人統治所及的廣闊地域內的影響是極其深厚的，「小邦周」當然也不能例外，……在滅殷以後，周人在宗教信仰方面，當然要擺脫殷人的影響，極力推出其所尊的「天」這一至上神，……但是原來的「小邦周」的影響畢竟遠遜于「大邑商」，對「帝」的崇拜當然不會在殷人曾經長期統治過的廣大地域之內一下子消除。……另外，爲了利于對殷遺民及殷人影響較深的方國，地區的統治，周人推行尊天思想的同時，也還有必要讓這些地區原有的對「帝」的崇拜與新近推行的對「天」的崇拜暫時並存。〔註47〕

韋、張二氏的解釋甚爲合理，周人雖然加強對天的信仰，但對上帝的觀念亦未有貶低之意，故而周文獻中帝、天常有混用的情形。然而有一個現象值得注意：天字作爲至上神使用的次數較帝字爲多。根據 H.G. Greel 的統計，《詩》《書》中以天作爲至上神的記載共三三六次，以帝作爲至上神的記載只有八五次〔註48〕，此似乎顯示周人有以天取代帝字的趨勢，意味著周人盡可能用周人的信仰去影響天下，以鞏固周人統治的地位。

4、釋天命

就前文所論，天、帝二字在周人的典籍裡均是指稱至上神，二者常有混用的現象；因此，天命與帝命二詞，在《詩》、《書》、金文中亦可互用或並稱。下文均以天命名之。

從文獻足徵者而言，天命觀的出現，始於周初。雖然殷墟卜辭有帝令一詞，如：

> 帝令雨足年。（《殷虛文字乙編》一九八四）

〔註46〕 韋政通：《中國哲學思想批判》，頁9。
〔註47〕 張桂光：《殷周帝天觀念考索》，頁108。
〔註48〕 引自杜而未：《中國古代宗教研究》，頁101。

貞今三月帝令多雨。(《殷虛書契前編》三、一八、五)

今二月帝不令雨。(《鐵雲藏龜》一二三、一)

己巳帝允令雨至于庚。(《殷虛文字乙編》八五二)

羽癸卯帝其令風。(《殷虛文字乙編》二四五二)

就文義看,帝令即是帝命之意,但是殷墟卜辭的帝令與周人所謂的天命之意
並不相同,朱天順指出兩者的差別在於:

> 殷商的上帝信仰,還是處在比較初期的階段,這種上帝是消極、被
> 動的祈求對象,它的神性主要是滿足人們提出的具體要求,人們還
> 沒有把它當做主動支配社會命運的中心力量來崇拜。這種上帝的神
> 性跟社會道德、政治制度的結合還不多、不突出,因此,天意、天
> 命的迷信觀念在上帝崇拜中還處於萌芽階段,還沒有成為上帝的主
> 要神性。〔註46〕

和社會道德、政治制度的緊密結合與否,確實是分判殷墟卜辭之帝令與周人
之天命的依據。周人的天命,意指「天把王位命於某人而言,所謂天命即是
某人得到了統治天下的王權、王位。」〔註47〕《詩經》云:

> 文王在上,於昭於天。周雖舊邦,其命維新。有周不顯,帝命不時。
> 文王陟降,在帝左右。
> ……
> 穆穆文王,於緝熙敬止。假哉天命,有商孫子。商之孫子,其麗不
> 億。上帝既命,侯于周服。(〈大雅・文王〉)
>
> 有命自天,命此文王。于周于京,纘女維莘,長子維行。篤生武王,
> 保右命爾,燮伐大商。(〈大雅・大明〉)
>
> 昊天有成命,二后受之。(〈周頌・昊天有成命〉)

《尚書》亦有:

> 天命有德,五服五章哉;天討有罪,五刑五用哉。(〈皋陶謨〉)

〔註46〕朱天順:《中國古代宗教初探》,頁250~251。
〔註47〕徐復觀:〈有關周初若干史實考證〉,《中國思想史論集續編》,頁222。

> 敢敬告天子，皇天改大邦殷之命，惟周文武，誕受羑若，克恤西土。
> （〈康王之誥〉）

> 不知天命不易，天難諶，乃其墜命，弗克經歷嗣前人恭明德。（〈君
> 奭〉）

天成為授予王位的最高權威者，文武得以統治天下，乃是受天之命，天的權能已然與政治的興替相結合，此一權能，是殷墟卜辭中的上帝尚未擁有的。

　　然而天命觀何以會形成於周初？其出現的肇因為何？大部分學者認為是緣於政治上的需要，韋政通先生云：

> 周人滅商，毫無疑問的，自然是武力征服。武力征服以後，一時自
> 不易獲得商朝遺民的合作，聰明的周人，才想出天命的理由，利用
> 宗教的方法，去瓦解商人的反抗情緒。……
> 因為在那樣的時代，天是被人所崇拜的至上神。如果不是天命，商
> 朝的統治為甚麼會垮台？〔註48〕

周人以武力征服殷商，為使殷商遺民侯服於周，因此創說天命思想，運用人類原始的宗教感——對神的崇拜與信仰，以緩和殷商遺民的反抗情緒，使認為周得天下，是天的旨意，藉此鞏固周人的江山。這點作為天命說興起的理由，固屬得宜，但是天命說的緣起還有一個更深刻的理由，即是天命與人君道德的結合，使之成為必然的律則。從雅頌詩篇所呈現的內容來看，周人相信政治的本質不應是武力的統治，而是道德的，政治應是誠意地維持天下萬民的福祉，因此周人極欲扭轉因為「以暴易暴」、武力革命所帶來的遺憾，在君王的典型中，推出文王；在天命的思想中，結合德治的必然性，從天命思想中，加重後世子孫重德、以德服人的為政理念。這種以德為本的政治理念，為周朝帶來八百年的天下，是中國為時最為長久的朝代，這應是周初幾位君王聖哲所蘊發出來的政治智慧之遺澤。

　　下文我們將詳細探討天命與德治之間的關係。

二、天命思想與德治的關係

　　天命與道德的結合，是周代政治理念中一個極為突出的思想特徵。在殷

〔註48〕韋政通：《中國哲學思想批判》，頁15。

商時期，德治的觀念尚未進入對上帝的信仰中，殷人的宗教信仰仍處在較原始的、對神力極端崇拜與信賴的階段，故凡事均取決於卜筮。陳夢家於《殷虛卜辭綜述》中詳述上帝的權能，可分為十六項，〔註49〕這十六項概括地說，可以分為兩大類：（一）上帝能支配自然界的現象：因古人無法以科學的知識詮釋自然界風雨雷電的變化，因此將諸種自然現象歸之於宇宙的最高主宰者——上帝所操縱；（二）人間的現象也由上帝所控制，如戰爭的勝負、人的生死、謀事的成敗、吉凶禍福等，上帝均能左右一切。這種對神力特別的倚重與信靠，是屬於宗教感較濃厚的殷人之上帝信仰的特色。周人則不然，雖然周人也相信天神的力量（如前所述「人格天」的部分），但是在對天的信仰中，卻注入對人力的承認與肯定，這種由神力慢慢過渡到人力的轉化過程中，出現一個極為重要的轉化關鍵，即天命說的出現，韋政通先生指出天命說出現的意義在於：

> 天命之起，既緣於周人政治上的需要，所以它一開始就與人事發生
> 密切的關係。天單獨觀察時，特別顯超越義。天命的特性，是既不
> 混同於天，也不偏向於人，它是既在天又在人的「天人之際」。天命
> 的出現，才正式打通了人與天之間的內在關係。因此，它是中國哲
> 學中「天人相與」，「天人合一」等思想的根據。〔註50〕

韋氏所云天人之間的內在關係，就是以道德意識作為天人之間的溝通，道德意識發生在人自身，來自於人對責任感的自我要求與承擔，以自身之德的完美，達到行事的完美，以此去符合天命的要求，而不是把行事責任放在神力上，於是，原可左右世間吉凶禍福的力量，由天神下降至人自身，徐復觀先生云：

> 周人……投射給人格神的天命以合理的活動範圍，使其對於人僅居於
> 監察的地位。而監察的準據，乃是人們行為的合理與不合理。於是天
> 命……漸漸從它幽暗神祕的氣氛中擺脫出來，而成為人們可以通過自
> 身的行為加以了解、把握，並作為人類合理行為的最後保障。〔註51〕

〔註49〕陳夢家將武丁卜辭中上帝的能力分為：一、令雨；二、令風；三、令嘩；四、
降莫；五、降禍；六、降飢；七、降食；八、降若；九、帝若；十、受又；
十一、受年耆年；十二、㞢；十三、帝與王；十四、帝與邑；十五、官；十
六、帝與其它。《殷虛卜辭綜述》，頁562～571。
〔註50〕韋政通：《中國哲學思想批判》，頁15～16。
〔註51〕徐復觀：《中國人性論史》，頁24。

此中尤值得注意的是，周人將這種道德意識的自覺，加強在人君身上，對人君發出極高的道德要求，認爲這是統治天下的必要條件。雅頌從以下幾個方面，說明天命與人君德治之間的關係。

1、天命靡常觀念的出現

天命靡常主要是就統治者的合理性而言，王位的賦予雖然由天命決定，但是天未嘗命定何人永居王位，天可以重新降命予新朝，詩云：「周雖舊邦，其命維新。」（〈大雅・文王〉）周雖爲古老的邦國，但能新受天命以代殷商統治天下，周以「天命」說作爲統治者的依據，更又以「天命靡常」的觀念作爲取代商朝的合理依據，詩云：

> 商之孫子，其麗不億。上帝既命，侯于周服。
> 侯服于周，天命靡常。殷士膚敏，祼將于京。（〈大雅・文王〉）

因天命無常，故而商之舊臣，歸而爲周助祭。詩中與此觀念類似者又有：「天命不又」（〈小雅・小宛〉）之說，「又」，復也（《毛傳》），是說天命一去不復來之意。《尚書・召誥》中的一段話，也清楚地表達了天命靡常的觀念：

> 我不敢知，曰有夏服天命，惟有歷年；我不敢知，曰不其延；惟不敬厥德，乃早墜厥命。
> 我不敢知，曰有殷受天命，惟有歷年；我不敢知，曰不其延，惟不敬厥德，乃早墜厥命。

召公之言，是由商之代夏、周之代殷的歷史事實，以證明天命的無常；如天命有常，何以「不其延」？而天命的無常，實際上是來自人君的無德——「惟不敬厥德，乃早墜厥命。」人君因爲不敬其德，而早墜天命賜予的王位！此時的天命只是一個「虛體」，「實體」已轉至人君自身敬德與修德之上，此一信念已透發出人文精神的初蕾。

2、天命與德君結合的必然性

天命無常是人君失德之故，反之，如何維持天命之常？乃必須建立在人君有德的條件上，此構成天命與君德結合的一個必然性。尤可注意者，天命的降予，是後於人君之修德，而非先於人君之修德，唯人君有德在先，而後天命予之，如〈大雅・大明〉云：「維此文王，小心翼翼。昭事上帝，聿懷多

福。厥德不回，以受方國。」文王有德在先，其德不回（回者，邪也），而後
上帝賜予方國。此義，唐君毅先生更進一層申明之：

> 以上帝之命在後，則人之未來非上帝所已決定，人受命之後，亦尚有
> 一段事在，而由人自己決定者；而所謂受命者，遂惟是受命以後，另
> 當有之一段之事之開始，而非只為已成之一段事之終結點。故受命之
> 義，亦非必同於被命為實際上之王，而錫以富貴之義。……如受命為
> 被命為實際上之王，而錫以富貴，則只當言武王、周公、成王受命，
> 而不當言不敢侮鰥寡之文王受命。周之《詩》《書》中，所以只重言
> 文王受命者，則以文王乃畢生以修德為事，令聞不已，方為天下所
> 歸。……是見文王之受命，亦並非同於：其有德而天即報償之以王位
> 之福祿之謂，而實只是受一自求「厥德不回」、「自朝至日中昃，不遑
> 暇食，用咸和萬民」（〈無逸〉）之責任。〔註52〕

唐氏之說是更強調文王修德的意義。周人認為政治的本質應是道德的統治，
是責任的擔當，而非嗜求王位的福祿。但是強調人君德治，並不表示在理念
上已完全擺脫天這一超越主宰者與政治之間的關係，此時的天，如前文所云，
尚被賦予一個監視者的形象，〈大雅・皇矣〉云：

> 皇矣上帝，臨下有赫。監觀四方，求民之莫。維此二國，其政不獲。
> 維彼四國，爰究爰度。上帝耆之，憎其式廓，乃眷西顧，此維與宅。

皇天監之於上，「求民之莫」，莫者，定也（《毛傳》），求能使百姓生活安定的君
王。天、君王、百姓，三者之間構成一個密切的關係網，而以德治作為三者連
屬的媒介，百姓安定的生活是德治實際的落實；而實行德治的權責在人君；上
天則是監視德治實施與否的超越主宰者。「上天之載」，雖是「無聲無臭」（〈大
雅・文王〉），但周人仍信其為有，其隱微難知的旨意，乃是透過人民生活的安
定與否而發顯出來，此義與《尚書・皋陶謨》云：「天聰明，自我民聰明；天明
畏，自我民明威。」的意義相同，表達天命與德治結合的一個必然的關係。

3、君王持續修德以求永命的定律

天命與君德的結合，是一個必然性的關係；而就時間性以言，如何長期

〔註52〕唐君毅：《中國哲學原論・導論篇》，頁505。

保有天命？端視人君是否能持續修德而定。周人結合天命與君德的理念中，並注入時間的觀念，而另顯一義：人君需持續修德以求永命。不僅此時修德，而需時時修德；不僅此世修德，更需子孫世世修德，詩云：

> 昊天有成命，二后受之。成王不敢康，夙夜基命宥密。於緝熙！單厥心，肆其靖之。(〈周頌・昊天有成命〉)

「於緝熙！單厥心。」是就時時持續光明德業而言，唯如是敦厚敬謹其心，天命方能永在周家。又〈周頌・維天之命〉云：

> 維天之命，於穆不已！於乎不顯！文王之德之純，假以溢我，我其收之。駿惠我文王，曾孫篤之。

「駿惠我文王，曾孫篤之。」是就世世持續修德而言，後世子孫儀法文王敬德、修德的典範，則天命將永為周室顯赫，《中庸》釋此詩曰：「詩云：『維天之命，於穆不已。』蓋曰，天之所以為天也。『於乎不顯，文王之德之純。』蓋曰，文王之所以為文王也，純亦不已。」其文特別強調「持續修德」的重要。《周易》言：「天行健，君子以自強不息。」所謂的「天行健」、「自強不息」，就是「維天之命，於穆不已」與文王「純亦不已」的另一種表示方式。《中庸》以文王的「純亦不已」對顯天命的「於穆不已」，以天之降命與人君之受命，同在一道德的要求下繼續不已！這點方是豁顯天人之間的一個永恒的關係。

三、天之信念的式微

天與德治的結合已論述如上，但是這種結合的關係，只限於周人對天的信仰有正面肯定的時期。當周人對天的權威性發生懷疑或是不信任時，天與德治的關係遂逐漸淡薄，由淡薄而轉呈負面的否定，天不再是仁愛至誠，公平正義的超越者，而淪為降喪饑饉，不惠庶民的罪惡之源。

論雅頌中的德治思想，固然以正面表達天與德治關係的詩篇為主要探討範圍，但是為了了解雅頌中天之概念的演變過程，對於負面表達天之概念的詩篇，於此也有附論的必要。

周人對天生起疑惑之心，是緣於安定的社會秩序頻頻遭到破壞所致，天災人禍接踵而來，人們無法以己力挽救現實上的災難，在身心均受到極度的創痛時，原是「天道無親，常與善人」的信仰，便容易受到動搖，進而否定。

徐復觀先生於《中國人性論史》中，對於《詩經》表達周人從敬畏天帝到懷疑，以至於否定的歷程，有詳細的說明，其言云：

> 古代以人格神地天命為中心的宗教活動，通過由一部《詩經》所主要代表的時代來看，其權威是一直走向墜落之路；宗教與人文失掉了平衡，而偏向人文方面去演進。……天與天命的名詞，常常可以互用。《詩經》上大約有一百四十八個天字。其中有意志的宗教性的天約有八十餘處。在這八十餘處中，將天命與政權相結合而存戒惕之心的，其思想與《尚書》今文各篇，可以互相印證，這大體是大雅，周頌中的早期的詩。到了大雅後期的詩，如〈板〉〈蕩〉〈抑〉等詩，已開始對天的善意與權威發生了懷疑；但對之仍存敬戒之心。……詩序說都是周厲王時代的詩（西紀前 878～846），大概是可信的。這一時期，是表現天的權威墜落的開始。

> 及到了幽王時代（西紀前 781～771），反映在《詩·小雅》裏面的天，幾乎可以說是權威掃地；周初所繼承轉化的宗教觀念，幾乎可以說是完完全全瓦解了。〔註53〕

如徐氏所云，雅頌詩篇作成的先後，正足以反映周代天神權威降落的一段歷程。周頌和大雅中幾篇詩歌，大都是西周初年的作品，其中的天、帝，均是周人敬畏尊崇的至上神，代表著正義與至善，詩云：

〔註53〕徐復觀：《中國人性論史》，頁37～38。韋政通先生反對徐氏的看法，其言云：「在幽王時代，……由於政治的腐敗，由於老百姓將現實政治的絕望，連帶著天命的權威也墜落了。在小雅裡，怨天的詩正多，……所以有人就以《詩經》做根據，而斷言原始宗教的權威，在這個時代已墜落（按：韋氏指的即是徐復觀先生）。純就《詩經》看，確是如此。但《詩經》只能反映一部分的情形，如以偏概全，以為宗教的權威在這個時代真的全面墜落，那是不確的。《左傳》就反映春秋時代另一部分的情形。《左傳》中人格神的天多的是。至少根據《左傳》，我們可以肯定，原始宗教，到春秋時代，仍保有相當的權威。例如「孤實不敬，天降之災。」（莊公十一年）又「天或欲使衛討邢乎。」（僖公十九年）又「天之棄商久矣。」（僖公二十二年）又「天將與之，誰能廢之，違天必有大咎。」（僖公二十三年）……據我估計，《左傳》中具有人格神意味的天，在四十二次以上。這可以證明幽王時代的詩人，雖有怨天疑天的思想，也確曾使天失去一部分的權威，但直至春秋時代，並未真的全面墜落。照中國古代哲學發展的情形看，人文思想的建立，確表現出原始宗教的衰退，但宗教思想與人文思想並不能截然劃分，起落之勢，只有一個大致的傾向。《中國哲學思想批判》，頁18。

帝遷明德，串夷載路。天立厥配，受命既固。（〈大雅·皇矣〉）

昭茲來許，繩其祖武。於斯萬年，受天之祜。

受天之祜，四方來賀，於斯萬年，不遐有佐。（〈大雅·下武〉）

時邁其邦，昊天其子之，實右序有周。薄言震之，莫不震疊，懷柔百神，及河喬嶽。（〈周頌·時邁〉）

思文后稷，克配彼天。立我烝民，莫匪爾極。貽我來牟，帝命率育，無此疆爾界，陳常于時夏。（〈周頌·思文〉）

綏萬邦，婁豐年，天命匪懈。桓桓武王，保有厥士，于以四方，克定厥家。於昭于天，皇以閒之。（〈周頌·桓〉）

「帝遷明德」、「受天之祜」、「昊天其子之，實右序有周」、「貽我來牟，帝命率育」、「天命匪懈」，此中的天、帝、天命，莫不以德為則，率育下民；佑助有周，使受天祜。此時，周人對天的態度極其誠敬，天人之間保持著和諧的關係。但是大雅後期的詩，如〈板〉、〈蕩〉、〈桑柔〉諸詩中的天或上帝，其善意與正義，受到空前的懷疑，此乃是當時社會秩序失其常軌，政治敗壞無道，導致人民對天失去信心的結果，詩云：

上帝板板，下民卒癉。出話不然，為猶不遠。

天之方難，無然憲憲。天之方蹶，無然泄泄。

天之方虐，無然謔謔。

天之方懠，無為夸毗。（〈大雅·板〉）

蕩蕩上帝，下民之辟。疾威上帝，其命多辟。（〈大雅·蕩〉）

肆皇天弗尚，如彼泉流，無淪胥以亡。（〈大雅·抑〉）

菀彼桑柔，其下侯旬。捋采其劉，瘼此下民。不殄心憂，倉兄填兮。倬彼昊天，寧不我矜。

國步蔑資，天不我將。靡所止疑，云徂何往？……天降喪亂，滅我立王。降此蟊賊，稼穡卒癢。哀恫中國，具贅卒荒。靡有旅力，以念穹蒼。（〈大雅·桑柔〉）

原是遷於明德的上帝，今卻板板，出話不然；原是匪懈的天命，今卻暴虐多辟；原是「立我烝民」，「貽我來牟」的上帝，今卻「降此蟊賊，稼穡卒癢」，

天不再佑助於人，不再賜予遐福，過多的災難，不禁使人產生困惑——天「寧不我矜」？天其可信？但是，人們對天的信仰雖然已經產生動搖，卻仍然存有敬戒之心，〈板〉、〈蕩〉諸詩之末，有「敬天之怒」、「敬天之渝」（〈板〉），「天不湎爾以酒」、「匪上帝不時，殷不用舊」（〈蕩〉），「取譬不遠，昊天不忒」（〈抑〉）之語，這些詩對上天的權威，都還留有餘地。這一時期，是表現天的權威墜落的開始。〔註54〕

到了西周末年，由於諸侯日相侵伐，民之死喪甚多，再加上天災饑饉，耗斁下土，至此，人民對天的態度，已非懷疑、抱怨，而是更嚴屬的指責謾罵，這類的詩以小雅為最多：

> 天方薦瘥，喪亂弘多。民言無嘉，憯莫懲嗟！
> 昊天不傭，降此鞠訩；昊天不惠，降此大戾。
> 不弔昊天，亂靡有定；式月斯生，俾民不寧。（〈小雅・節南山〉）

> 民今方殆，視天夢夢。既克有定，靡人弗勝。有皇上帝，伊誰云憎。
> （〈小雅・正月〉）

> 浩浩昊天，不駿其德。降喪饑饉，斬伐四國。昊天疾威，弗慮弗圖。
> 舍彼有罪，既伏其辜。若此無罪，淪胥以鋪。（〈小雅・雨無正〉）

由於人間種種的不平、饑荒、兵亂，在無法得到適宜的解決與控訴的對象時，天，成為人們發洩與批評的目標，「民今方殆」，而天卻「降此鞠訩」、「降此大戾」、「降喪饑饉，斬伐四國」！因此「昊天不傭」、「昊天不惠」、「不弔昊天，……俾民不寧」的指責之聲便隨之而起，此與周初天所受到的信賴與崇拜，不啻是天壤之別！至此，雅頌中上帝的權威雖已蕩然無存，但是由此也轉出另一層重要的意義，林慶彰先生云：

> 人們也逐漸的覺得人世間的種種禍福，並不完全操之於上天，可能操之於人間的統治者，或某一些人。這種自覺，使人們拋開對上天的依賴、懷疑、抱怨和攻擊，轉而對人事的思考，即是人文思想發展的一大進步。〔註55〕

這種朝向人事的思考角度，其實就是周初將德治的要求，注入天命思想的這

〔註54〕參徐復觀：《中國人性論史》，頁38。
〔註55〕林慶彰：〈詩經中人文思想的脈動〉，《詩經研究論集》，頁189～190。

一個脈絡的進一步發展。不同的是：周初對天、帝存有極高的敬意；但是到
西周末年，《詩經》中顯現天、帝的權威已全然墜落。再者，西周初年是從正
面強調人事努力的價值，而西周末年，則從負面觀看出人為罪惡的事實，人
必須負擔罪惡的責任，詩云：

> 黽勉從事，不敢告勞。無罪無辜，讒口囂囂。下民之孽，匪降自天。
> 噂沓背憎，職競由人。（〈小雅・十月之交〉）

> 懿厥哲婦，為梟為鴟。婦有長舌，維厲之階。亂匪降自天，生自婦
> 人。匪教匪誨，時維婦寺。（〈大雅・瞻卬〉）

從「下民之孽，匪降自天。噂沓背憎，職競由人。」與「亂匪降自天，生自
婦人。」（婦人，指褒姒）可知詩人不再一味地將罪惡的責任歸之於天，而能
投視於人世本身的醜惡，人身自造的罪孽，應由人自身來承擔。這種著重人
事的思想，為孔子所繼承、發展，而進一步提出確定的理論：

> 季路問事鬼神。子曰：未能事人，焉能事鬼？敢問死。曰：未知生，
> 焉知死？（《論語・先進》）

> 祭如在，祭神如神在。子曰：吾不與祭，如不祭。（《論語・八佾》）

> 樊遲問知。子曰：務民之義，敬鬼神而遠之，可謂知矣。（《論語・
> 雍也》）

孔子關注的是人事的努力與德治的建立，對於傳統宗教的鬼神信仰，既不予
以肯定，也不予以否定，而是待之以「存而不論」、「敬而遠之」的理性態度。
由此，可以見出孔子之儒學思想與周人之人文精神，其間遞嬗轉化的關係，
甚且可以說，孔子之儒學，乃是周之人文精神成熟的表現，亦即周文是儒學
之根源。

第四章　結　論

　　「爲政以德」，一直是儒家政治思想上奉爲最高的指導原則。此一思想勃興於西周之世，經由孔子對周文的反省、闡揚，而被確立下來。其後孟荀步塵，歷代沿波，迭有增益，遂形成儒家政治思想上之主要內涵與特質。今欲明其本源，尋其先後相承之歷史脈絡，實需自孔聖之前的典籍探索。

　　班固以五經爲古代王官之學，是古人治天下之具，《詩經》尤爲其中最古、最可信之一部經書；故就經學家而言，《詩經》是提供給爲政者「昭昭在斯足作後王之鑒」的一面明鏡，而往往忽略其文學價值。但是近代學者多從文學的觀點論詩，欲將《詩經》歸回應有的文學地位，因此又多忽略其政治性。《詩經》誠爲文學之瓌寶，然一民族愈早期的作品，所涵蓋的內容愈是混沌而豐富，它交織著神話、文學、歷史、社會、宗教、民俗……等多麗的色彩，自也蘊蓄教化美刺的莊嚴政治思想。以往經學者以詩三百皆寓治亂興衰，禮義倫常的釋詩方式，自有其特殊的歷史地位。本文並非要重建以往經學者以詩爲聖典的途徑；而是企圖還原詩人作詩的本意，從詩文自身論析周人的德治思想，此爲本文研究之基本立場與原則。

　　自殷周鼎革之後，周人欲使國家達到長治久安的目的，於是在政治、社會制度上建立立子立嫡之制、宗法之制、與封建之制，將血緣的關係擴充到統治體系上，在「封建親戚，以蕃屏周」之下，造成君統與宗統合一，爲君爲長者，擔負起最大的政治責任，德治即是由這種責任感而來的要求，它是周人對興衰成敗的歷史，於深思熟慮之後反省出來的爲政理念。周人發現，歷史的興衰成敗，與爲政者的行爲有密切的關係，爲政者需以善惠的行爲，從事一切的政治活動，如在上位者能修正其身，惠愛下民，則能家齊而國治，

永保鼎祚。此一思想極其豐富地呈現在周之文獻當中；再者，卜辭和殷之彝銘沒有德字的記載；周代以後，德字即大量出現，這點更可見出德治思想乃是周人特為重視發展的為政理念。由於德治思想多是屬於貴族、或統治階層所反省而產生的意識，這種意識，泰半展現在雅頌中，而國風的性質是民謠，以「男女相與詠歌，各言其情」為大部分的內容，較少觸及德治思想的內涵，因此本文以雅頌為討論之題材範圍，其主要的原因在此。

雅頌所表現之德治思想，呈現於周之歷史、社會批判與天命思想等幾個方面。在歷史層面，詩人歷述史事之時，總對周之世世修德致意再三，后稷、公劉、太王、王季、文王、武王所顯揚的光輝，是在德治的建立與完成上，即使描繪武王征伐大商之後所顯現的，乃是「載戢干戈，載櫜弓矢，我求懿德，肆于時夏。」的態度，毫無「馬上得之，寧事詩書」的宣驕盛氣，而以偃干戈，恃德治，心繫天下治平之道的雍穆襟懷君臨天下。於謹斂黷武精神的又一面，是高揚文王的典範地位，文王於人格、文治、武功各方面均極崇盛，以其至德而能為天命的具體代表。強調先王建立德治的意義在於：周人認為德治乃是歷史進展的律則；復次，傳述祖先的歷史，以為後世子孫追摹的典範。於此二義顯示下的歷史，雖與「實維大王，居岐之陽，實始翦商。」初即有問鼎中原的雄心容有距離，然雅頌所詮釋的歷史，不能是嚴格的道德判斷，應是透過欲藉由歷史能彰顯出的意義與作用的層面來把握。故而我們終需肯定：周人發展「德治」此一為政的理念，以及周人將此一理念實踐於其歷史活動中所作的一切努力。

在社會層面，雅頌中的知識份子責無旁貸地負起批判社會、改革時弊的角色與功能。西周晚葉與春秋之際，由於國家喪亂，民生凋敝，作為社會良知的知識份子，積極向為政者反映社會的輿情，並提供可能的對策予為政者參考。其要求落實德治的原則為：尚賢、惠民與合理的原則，凡此均為孔孟所繼承、發揚，成為其德治思想中重要的內涵。而批判詩的存在，亦是德治思想另一個延伸點，顯示周之統治者允許人民有議事的權力與言論的自由，其目的是要防止「川壅而潰」的危機，以維護社會安定的秩序。

在天命信仰層面，周人於原有對天、帝的宗教信仰裡，發展天命有德之君的觀念。天命觀形成於周初的原因是因為：周人欲使殷遺民侯服於周，緩和其反抗的情緒而蘊發形成的思想；再者，周人認為政治的本質應是道德的，而非武力的統治。周人亟於扭轉「以暴易暴」之武力革命所帶來的遺憾，故

在天命信仰裡結合德治的必然關係，以明周之代殷是因世世修德，以受天命之故，並以此加重後世子孫以德爲本的政治理念。天命思想與德治的關係表現在：天命靡常，天命與君德結合的必然性，以及君王持續修德得享永命等幾個方面。而天命思想的出現，則象徵歷史文化從神權階段過渡到人文階段的一個重要的里程碑。

　　綜觀上文所述，《詩經》雅頌中的篇章，已然呈現德治思想的重要內涵，其乃是後代儒家德治思想汩汩延流的本源。

附論：釋雅頌

第一節　雅頌的內涵與命名混淆的釐清

　　雅頌的內容具有多樣性，特別是雅詩，有情愛之詩，如小雅〈車舝〉、〈隰桑〉；有農事之詩，如小雅〈甫田〉、〈大田〉；有燕飲之詩，如〈鹿鳴〉、〈伐木〉等；德治思想的內容，只是其中之一。而雅頌命名之由，則是要能涵蓋雅詩或頌詩一個分類的準則，不宜與內容相混淆。例如：德治思想是其中甚為重要的一個主題，如果說雅頌中有「言王政之所由廢興」的內容，寓含美刺的政教意義，自是可以成立，這從第三章的論述中，已明確地看出這一點；但是若以「言王政之所由廢興」的觀點以釋雅頌，則是混淆雅頌的內容與命名之由的兩個層面。由於「雅頌釋義」是一個值得重視的問題，歷來討論的人很多；再者，本文以雅頌為研究的範圍，因此在這一章附論雅頌命名之由，期能釐清此一繁複糾葛的問題。

　　風雅頌之名，為人所熟知的是出現在《周禮・春官・大師》以及〈詩大序〉中，《周禮》謂大師的職務之一為：

　　　　教六詩：曰風、曰賦、曰比、曰興、曰雅、曰頌。

〈詩大序〉不稱之為六詩，而謂之為六義：

　　　　故詩有六義焉：一曰風、二曰賦、三曰比、四曰興、五曰雅、六曰頌。

何謂六詩？《周禮・大師》中並未加以說明，〈詩大序〉對風雅頌有所解釋，

而對賦比興的看法卻付之闕如。孔穎達《正義》謂：

> 風、雅、頌者，詩篇之異體；賦、比、興者，詩文之異辭耳。大小
> 不同，而得並爲六義者，賦、比、興是詩之所用，風、雅、頌是詩
> 之成形，用彼三事，成此三事，是故同稱爲義，非別有篇卷也。

孔穎達認爲賦比興是詩之作法，而風雅頌是詩之體裁，這是一般贊同的說法。
〔註1〕關於這種詩之分類，尚可溯源到更早的時期，《左傳》隱公三年有「風有
采蘩、采蘋」之語，更重要的一則是《左傳》襄公二十九年所記載的一段話：

> 吳公子札來聘，……請觀於周樂。使工爲之歌周南、召南。曰：
> 美哉！始基之矣。猶未也，然勤而不怨矣。爲之歌邶、鄘、衛。
> 曰：美哉！淵乎憂而不困也，吾聞衛康叔武公之德如是，是其衛
> 風乎。爲之歌王。曰：美哉！思而不懼，其周之東乎。爲之歌鄭。
> 曰：美哉！其細已甚，民弗堪也，是其先亡乎。爲之歌齊。曰：
> 美哉！泱泱乎大國也哉，表東海者其大公乎，國未可量也。爲之
> 歌豳。曰：美哉！蕩乎樂而不淫，其周公之東乎。爲之歌秦。曰：
> 此之謂夏聲，夫能夏則大，大之至也，其周之舊乎。爲之歌魏。
> 曰：美哉！渢渢乎大而婉，險而易行，以德輔此，則明主也。爲
> 之歌唐。曰：思深哉！其有陶唐之遺民乎，不然何憂之遠也，非
> 令德之後，誰能若是。爲之歌陳。曰：國無主，其能久乎。自鄶
> 以下，無譏焉。爲之歌小雅。曰：美哉！思而不貳，怨而不言，
> 其周德之衰乎，猶有先王之遺民焉。爲之歌大雅。曰：廣哉！熙
> 熙乎！曲而有直體，其文王之德乎，爲之歌頌。曰：至矣哉！直
> 而不倨，曲而不屈。……

此中風雅頌之名已備。鄭玄於《周禮·大師》「教六詩」下引鄭眾云：

〔註1〕或云六詩皆是詩體，此說於東漢鄭玄之徒張逸似已發其端，孔穎達《毛詩
正義》引《鄭志》云：「張逸問：何詩近於比、賦、興？答曰：比、賦、興，
吳季札觀詩已不可歌也。孔子錄詩，已合風、雅、頌中，難復摘別。篇中
義多興。」從這段問答中可看出鄭玄似乎不反對賦、比、興三詩的存在，
只是季札觀詩已不歌此三詩，而孔子又將之混於風、雅、頌中。鄭玄是否
贊成六詩均是詩體？就這段問答而言，尚是模稜兩可。但是章炳麟著《六
詩說》時，已肯定六詩即是六種詩體的說法。詳見《檢論》，《章氏叢書》，
卷二，頁1～2。

鄭司農云：古而自有風、雅、頌之名，故延陵季子觀樂於魯時，孔子
尚幼，未定《詩》《書》，而因爲之歌邶、鄘、衛，曰：是其衛風乎？
又爲之歌小雅、大雅，又爲之歌頌。《論語》曰：吾自衛返魯，然後
樂正，雅頌各得其所。時禮樂自諸侯出，頗有謬亂不正，孔子正之。

賈公彥疏云：

按襄公二十九年，季札聘魯，請觀周樂，爲之歌邶、鄘、衛、小雅、
大雅、及頌等，先鄭彼注云：孔子自衛反魯，然後樂正，雅頌各得
其所。自衛反魯，在哀公十一年。

季札觀樂在魯襄公二十九年（西元前 544 年），孔子自衛返魯在魯哀公十一年（西
元前 484 年），這即是說，至少在孔子正樂六十年以前，早已有風雅頌之名。

因本文未涉及國風的部分，故略而不論，以下就雅頌的問題申述之。

第二節　雅義的檢討與正詁

歷來學者對於「雅」義的探討，解釋繁多，或從政教的觀點釋雅，或從
辭氣、體制、地域、樂器等不同的因素分別論說，較新的看法，如周策縱先
生認爲周代可能引用「雅」（鳥）作爲官方的標誌，因而將代表中原之音的雅
詩命名曰雅〔註2〕。部分學者從音樂的角度詮釋雅的名稱，但是同樣以音別來
看雅義，其間解釋仍有出入。下文試將歷來各種主要的說法辨析於後，以期
探得實義。

─────────────

〔註 2〕周策縱先生在〈古巫醫與六詩考〉中先解釋雅字古作疋，而言：「如果雅字取
代疋是在周代的話，本來古代就有周文王得赤鳥或赤鳥受命之說。如《墨子·
非功下》就記載，紂時『赤鳥銜珪（畢沅云：鳥，《太平御覽》引作雀），降周
之岐社。曰：天命周文王伐殷有國。』《呂氏春秋·應同篇》也說：『及文王之
時，天先見火，赤鳥銜丹書，集于周社。』孫星衍輯《尚書》〈泰誓〉逸文：『有
火自上復于下，至于王屋，流爲鳥，其色赤。』《漢書·董仲舒傳》引其對策，
又《史記·殷本紀》，《論衡·初稟篇》，及各緯書等，都有類似的記載。如果
這個傳說很早，則烏鴉本來就可以當作周朝官方的標誌，把正派官話叫做「雅
言」，把官方和上層社會的燕饗樂詩叫做「雅詩」，那就更自然了。」《古巫醫
與六詩考》，頁 262。周氏自《墨子·非攻篇》等文獻中的記載，推測雅鳥可以
當作周朝的官方標誌，因此結論說：「把官方和上層社會的燕饗樂詩叫做雅詩。」
雖然周氏所言頗有見地，但是他所採用的論據均是「傳說」之言，故而只能將
之視爲參閱的資料。

一、政教說

釋雅之義，以〈詩大序〉所言爲最早，其言曰：

> 言天下之事，形四方之風，謂之雅。雅者，正也，言王政之所由廢
> 興也。政有大小，故有小雅焉，有大雅焉。

《鄭箋》云：

> 雅，正也，言今之正者以爲後世法。

孔穎達《正義》承〈詩大序〉之說曰：

> 雅者，訓爲正也。由天子以政教齊正天下，故民述天子之政，還以
> 齊正爲名。王之齊正天下得其道，則述其美，雅之正經，及宣王之
> 美詩是也。若王之齊正天下失其理，則刺其惡，幽厲小雅是也。詩
> 之所陳，皆是正天下大法；文武用詩之道則興，幽厲不用詩之道則
> 廢。此雅詩者，言說王政所用廢興，以其廢興，故有美刺。……小
> 雅所陳，有飲食賓客，賞勞群臣，燕賜以懷諸侯，征伐以強中國，
> 樂得賢者養育人材，於天子之政皆小事也。大雅所陳，受命作周，
> 代殷繼伐，荷先王之福祿，尊祖考以配天，醉酒飽德，能官用士，
> 澤被昆蟲，仁及草木，於天子之政皆大事也。

〈詩大序〉、《鄭箋》、孔穎達《毛詩正義》，均自政教的觀點釋雅，雅，固然
可以解釋爲正（下文將再詳言訓雅爲正之故），然而由正引申爲政，則有過度
引申之嫌，屈萬里先生云：

> 雅訓爲正，乃是正當的正，不是政治的政。〈詩序〉訓雅爲正，雖然
> 沒錯；而由正轉到政，就不是雅字所能有的意義了。〔註3〕

前賢更從詩篇的內容上，詳論以大小之政分說二雅之非，鄭樵《六經奧論》
云：

> 二雅之作，皆紀朝廷之事，無有區別。而所謂大小者，序者曰，政
> 有大小，故謂之大雅、小雅。然則小雅以〈蓼蕭〉爲澤及四海，以
> 〈湛露〉爲燕諸侯，以〈六月〉、〈采芑〉爲北伐南征，皆謂政之小

〔註3〕屈萬里：《屈萬里先生文存》，第一冊，頁182。

者，如此不知〈常武〉之征伐，何以大於〈六月〉？〈卷阿〉之求賢，何以大於〈鹿鳴〉乎？〔註4〕

明何楷〈論二雅〉一文中，亦承鄭樵之說云：

> 彼以小雅如燕饗遣勞，南征北伐之類，固爲小矣，而〈常武〉之興師，何以大于〈六月〉？〈卷阿〉之求賢，何以大于〈鹿鳴〉乎？〔註5〕

惠周惕也對〈詩大序〉的說法提出懷疑：

> 雅有小大，義不存乎小大也。〈詩序〉之言曰，雅者，王政所由廢興，政有小大，故詩有小雅，有大雅，小大之政名立，而辨難之端起矣。難之者曰：〈常武〉、〈六月〉同一征伐也，〈卷阿〉、〈鹿鳴〉同一求賢也，大小何以分耶？解之者曰：〈常武〉，王自親征，〈六月〉，不過命將，軍容不同故也。〈卷阿〉爲成王，〈鹿鳴〉爲文王，天子諸侯，尊卑有等故也。難之者曰：然則〈江漢〉宜在小雅，成宣宜在大雅，今何以反之？或陳之也。……〈序〉既以政爲言，則大小必有所指，此辨難之所以紛紛也。〔註6〕

近人胡念貽也說：

> 〈詩序〉說「政有大小，故有小雅焉，有大雅焉。」這當然是不可信。我們試比較小雅的〈黍苗〉和大雅的〈崧高〉。〈黍苗〉是寫召伯南征和「營謝」，〈崧高〉雖然是歌頌申伯，但也寫了「營謝」的事。兩詩時代相同，所寫的事也差不多相同，申伯和召伯都是當時有功的大臣，而這兩首詩，一列入小雅，一列入大雅，用「政有大小」說顯然不通。〔註7〕

鄭樵、胡念貽等人，都是從詩篇的內容上提出有力的反證，〈詩大序〉以正訓雅，其說可通，但進而以政教的觀點詮釋雅義，則失之偏頗，試觀〈小雅·蓼莪〉，乃言「孝子痛不得終養也」〔註8〕。〈小雅·車舝〉乃言「燕樂其新昏

〔註4〕 鄭樵：〈雅非有正變辨〉，《六經奧論》，卷三。
〔註5〕 何楷：〈論二雅〉，《詩經世本古義》，卷首。
〔註6〕 惠周惕：《詩說》，卷上。
〔註7〕 胡念貽：〈關於風雅頌的問題〉，《詩經學論叢》，頁221。
〔註8〕 方玉潤：《詩經原始》，卷十一。

之詩」〔註9〕，二篇皆與政事無關，更遑論有大小政的分別，所以傳統以政教的觀點釋雅的說法並不適宜。

二、辭氣說

部分學者認爲雅詩命名的緣由，是因爲詩之辭氣純厚典則、明白正大之故，主其說者如鄭樵云：

> 雅出於朝廷士大夫，其言純厚典則，其體抑揚頓挫，非復小夫賤隸、婦人女子能道者，故曰雅。〔註10〕

嚴粲云：

> 竊謂雅之小大，特以其體之不同耳。蓋優柔委曲，意在言外者，風之體也。明白正大，直言其事者，雅之體也。純乎雅之體者，爲雅之大；雜乎風之體者，爲雅之小。今考小雅，正經存者十六篇，大抵寂寥簡短，其首篇多寄興之辭，次章以下，則申複詠之，以寓不盡之意，蓋兼有風之體。大雅正經十八篇，皆舂容大篇，其辭旨正大，氣象開闊，不唯與國風夐然不同，而比之小雅，亦自不侔矣。
>
> 〔註11〕

朱熹云：

> 雅頌之篇，則皆成周之世，朝廷郊廟樂歌之辭。其語和而莊，其義寬而密，其作者往往聖人之徒，固所以爲萬世法程而不可易者也。
>
> 〔註12〕

章俊卿云：

> 風體語皆重複淺近，婦人女子能道之，雅則士君子爲之也，小雅非復風之體，然亦間有重複，未至渾厚大醇，大雅則渾厚大醇矣。〔註13〕

〔註 9〕 朱熹：《詩集傳》，卷十四。
〔註10〕 鄭樵：《六經奧論》，卷三。
〔註11〕 嚴粲：《詩緝》，卷一。
〔註12〕 朱熹：〈詩集傳序〉。
〔註13〕 據惠周惕《詩說》，卷上引。

章如愚云：

> 凡風之體，皆言重辭複淺易如此。若夫雅則不然，其言典則，非夫
> 小夫賤隸婦人女子能道之；蓋士君子爲之也。然雅有大小，雅之詩，
> 固已雅正，非風之體，然語間有重複，雅則雅矣，猶其小者爾。曰
> 小雅者，猶言其詩典正，未至於渾厚大醇也。至於大雅，則渾厚大
> 醇矣。〔註14〕

　　以爲雅義是原自詩風之典雅純厚的說法，從詩篇的風格上看，雅詩確實
具有這樣的特色。〔註15〕但是這個標準無法絕對劃分風雅頌三者，無法賦
予雅詩之所以命名爲雅的充分理由。鄭樵云：「雅出於朝廷士大夫，其言則
純厚典則，其體抑揚頓挫，……故曰雅。」〔註16〕然而〈小雅・何人斯〉
云：

> 爲鬼爲蜮，則不可得。有靦面目，視人罔極，作此好歌，以極反側。

觀其「作此好歌，以極反側」之句，知此詩乃是有所指刺。意謂所刺之人，
爲鬼爲蜮，能害人而人卻不得見之，辭氣激憤，語帶斥責之意，並無所謂的
純厚典則。又〈小雅・巷伯篇〉云：

> 彼譖人者，誰適與謀，取彼譖人，投畀豺虎。豺虎不食，投畀有北。
> 有北不受，投畀有昊。

〔註14〕 章如愚：〈雅論〉，《山堂考索續集》，卷七。

〔註15〕 這幾家的說法，有人將之歸爲作者說一類。主作者說者，認爲雅詩是出於朝廷
士大夫所作，故名曰雅。但是以作者的身份作爲雅詩命名之據，也有可議之處。
因爲《詩經》的作者大多難考，此其一。再者，〈周南・關雎〉末章有：「窈窕
淑女，鐘鼓樂之。」之語，鐘鼓乃是貴族所用的樂器，王國維〈釋樂次〉一文
言之甚詳（見《觀堂集林》，卷二）。是鐘鼓之用有常序，則關雎一詩的作者當
是貴族。又〈周南・卷耳〉有：「陟彼崔嵬，我馬虺隤，我姑酌彼金罍。」「金
罍」之器，許慎《五經異義》引韓詩說：「罍制：金罍大夫器也，天子以玉，
諸侯大夫皆以金，士以梓。」（〈駁五經異義〉，補遺卷）則此詩的作者，當亦是
貴族。此外〈鄘風・載馳〉一詩，《左傳》閔公二年，《列女傳》，朱子《詩集
傳》皆謂許穆夫人所作。就詩文看，雖未明言何人所作，但其內容有：「載馳
載驅，歸唁衛侯。驅馬悠悠，言至於漕。大夫跋涉，我心則憂。」之語，敘述
赴漕唁衛之事，則作者當非平民。就此三詩可證，並非只有雅詩的作者是貴族
的身份。第三，雅頌之詩，多爲貴族文人所作，如欲以作者的身份作爲雅詩命
名之由，則又如何區分雅頌？因此主作者說，於義尚有未當之處。

〔註16〕 鄭樵：《六經奧論》，卷三。

〈巷伯〉乃是自傷刺讒之詩，詩人欲將讒人屏諸四夷，不與同處中國，就是將之投畀豺虎，豺虎亦不受。像這樣聲色俱厲，疾惡峻語，那裡是純厚典則？胡念貽在〈關於雅頌的問題〉一文中也說：

> 嚴粲認識到小雅和大雅的區別在它雜有風的成分，但他的著眼點是在辭體，提出的標準是「明白正大，直言其事」，這個標準也不恰當。像鄘風的〈定之方中〉，衛風的〈淇澳〉，鄭風的〈緇衣〉，如果都按照舊的解釋，也可以說是「明白正大，直言其事」，爲什麼不列入雅而列入風呢？〔註17〕

這都說明以辭氣作爲分判的標準，由詩文相證，總有未合之處，而且「以氣象興趣論者，然其言偏於抽象，不易共曉。」〔註18〕再者，以如此抽象的文學風格作爲當初分類的準則，應不是春秋中葉以前能有的概念。

三、地域說

或以爲雅義命名之由源自地名之故，今人孫作雲於〈說雅〉一文中云：

> 我以爲西周詩之所以稱雅，是因爲西周王畿原來是夏人的故地，而「夏」字亦可以寫作「雅」，因此稱西周詩爲「雅」。西周的詩，若按照地域來講，本來可以稱爲「夏詩」，但因爲「夏」字與「雅」字古同音，人們常常用「雅」字來替代「夏」字；也許爲了與三代的「夏」有所區別，所以把「夏詩」稱爲「雅詩」。總之，西周詩之所以稱「雅」者，原本於「夏」，以地爲名，猶如十五「國風」各以地名作區別一樣。〔註19〕

孫作雲並舉四證說明雅乃以地爲名的觀點：（一）今本「大小雅」一百零五首詩中，除去有三首確實爲東遷之初所作以外〔註20〕，其餘全是西周作品。（二）西

〔註17〕胡念貽：〈關於雅頌的問題〉，《詩經學論叢》，頁222。

〔註18〕朱東潤：《詩三百篇探故》，頁55。

〔註19〕孫作雲：〈說雅〉，《詩經學論叢》，頁131。

〔註20〕這三首是：一、〈正月〉：內有「赫赫宗周，褒姒滅之」之語，顯然是西周亡國以後的作品；二、〈雨無正〉：寫東遷之初，王官逃散的情況，確實是東以後離亂的寫照；三、〈節南山〉：裡面有「國既卒斬，何用不監！」之語，當亦爲東遷之初的作品。

周的王畿，在今陝西省，是夏人的故地。（三）因為這個原因，所以周初人常常自稱為「夏人」，如《尚書》中的眞周書與《詩經》周頌中，即不乏其例。（四）周既可稱為「夏」，而「夏」字古又與「雅」字同音，因此，這兩字可以通用。

孫氏云「夏」與「雅」古音相同，故可相通，云「雅」即古所謂「夏」，這點已為眾多學者所認同。但若據此以為雅詩的雅即因地名而取義，則有待商榷。第一，風雅頌三者，應屬於同一層面的命義範圍，即雅若是因地得名，則風與頌也應是因地命名，雅若是因樂器得名，則風與頌也應是因樂器得名。孫氏謂雅「以地為名，猶如十五『國風』各以地名作區別一樣。」孫氏混淆了風雅頌與邶鄘衛等兩個層面的意思。風義近人已獲得較一致的看法，咸認為風是指風謠，屬於地方的腔調，是從音樂的層面來說；所謂「各以地名作區別」，是要加上邶鄘衛等地名才是，不能說風即是地名，而且單從風字看，也無從區別各地音樂的不同。第二，如果說西周王畿之地的詩歌稱為雅，那麼豳詩是否也可以稱為雅詩？孫氏云：「西周的王畿，在今陝西省，是夏人的故地。」而豳的區域也在陝西省，任遵時《詩經地理考》云：

> 案豳乃周先祖公劉立國之所，故鄭《詩譜》曰：「豳者，后稷之曾孫，曰公劉者，自邰而出，所徙戎狄之地名，今屬右扶風栒邑。……其封域在禹貢雍州岐山之北，原隰之野。」……許氏謙曰：「豳即邠州，唐開元時改豳字為邠，今陝西西安府邠州三水縣。」三水其地蓋在今陝西省栒邑縣西，此與謂豳在今陝西邠縣者，皆不能以為非也，蓋栒邑縣正與邠縣相鄰接，自難有所分也。〔註21〕

據是，豳地亦在陝西省境內，與孫氏所言的西周王畿之地相重疊，如此，何以豳詩不稱雅而稱風？而唯有雅詩中的詩篇可以稱之為雅？此中必有其他的因素存在。孫氏以地名為說的看法，雖經反覆論證，幾經考索，然猶有未足取信之處。

四、樂器說

雅詩的命名，另一種說法認為是來自樂器之名。此義明朝陸深曾約略提到，〔註22〕何楷《詩經世本古義》引之曰：

〔註21〕 任遵時：《詩經地理考》，第二編，頁68。
〔註22〕 陸深著有《詩微》一書，據朱彝尊《經義考》云：「《詩微》業有成書，公子

大雅、小雅，猶今之大樂、小樂。嘗見古器物銘識，有莞曰小雅莞，有鐘曰頌鐘。乃知詩之篇名，應以聲音爲類，而所被之器，亦有不同。〔註23〕

陸氏言「詩之篇名，應以聲音爲類」，是認爲雅之命名，緣自音樂的類別，再由音樂之所以有類別，而推論所用的樂器「亦有不同」。何楷可能受到陸深的啓發，又從陳暘解釋《周禮》「笙師」的「舂牘應雅」和《禮記・樂記》的「訊疾以雅」作爲根據，而認爲雅詩之雅，取義本於樂器之名，何氏曰：

愚意樂器中有所謂雅者，《周禮》笙師職云：「舂牘應雅，以教祴樂。」祴樂之樂，先王之所以示戒也。「舂牘應雅」四者，所以節之也。陳暘云：「雅者，法度之器，所以正樂者也。」賓以雅，欲其醉不失正也；工舞以雅，欲其訊疾不失正也。賓出以雅，用祴夏以示威，則工舞以雅可知。先儒謂狀如漆桶而弇口，大二圍，長五尺六寸，以羊韋鞔之，旁有兩紐，疏畫武舞，工人所執，所以節舞也。一曰中有椎，髹畫爲雲氣，竊疑雅之取義，蓋本於此。〔註24〕

何楷的看法與陸深已是不同，他認爲雅詩之雅的取義，自樂器之名而來。章炳麟於〈大疋小疋說〉一文中，據二鄭釋笙師之言，也認爲雅是行節的樂器：

凡樂言疋者有二焉，一曰大小疋，二曰舂牘應雅。雅亦疋也。鄭司農說笙師曰，舂牘以竹，大五六寸，長七尺，短者一二尺，其端有兩空，髹畫，以兩手築地。應長六尺五寸，其中有椎。雅狀如漆筒而弇口，大二圍，長五尺六寸，以羊鞔之，有兩疏畫。後司農曰，牘應雅教，其舂者，謂之築地。賓醉而出，奏祴夏，以此三器築地，爲之行節。兩說雖少異，器長五尺以至七尺者，趣以築地，皆杵之倫。〈樂記〉「治亂以相，訊疾以雅」。〔註25〕

郭沫若的《甲骨文字研究》〈釋南〉一篇，列舉四證證明南爲樂器之名，其證二之中，附論雅是樂器的名稱，其言云：

楫稱公攜入京師，爲朝士竊去，僅存二南、邶風而已。其於〈大序〉疑有錯簡。」卷一一二，頁8。《詩微》一書今已不見。
〔註23〕何楷：《詩經世本古義》，卷首。
〔註24〕何楷：《詩經世本古義》，卷首。
〔註25〕章炳麟：〈大疋小疋說上〉，《章氏叢書》，卷一。

詩〈小雅・鼓鐘〉四章：「鼓鐘欽欽，鼓瑟鼓琴，鐘磬同音，以雅以南，以籥不僭。」《毛傳》以「南」爲南夷之樂，「籥」爲籥舞，於「雅」無説。《鄭箋》以「雅」爲萬舞，餘同《毛傳》。案雅爲萬舞之説實不經見，且〈邶風・簡兮〉之萬舞而執籥秉翟，則萬舞與籥舞特後人強爲之分耳。余以爲雅籥實均係樂器之名，《周禮・春官》：「笙師掌教龡、竽、笙、塤、籥，舂牘應雅。」後鄭謂「籥如笛，三空。」……，先鄭謂：「雅狀如漆筒而弇口，大二圍，長五尺六寸，以羊韋鞔之，有兩紐疏畫。」雅籥爲樂器，則南自當爲樂器。〔註26〕

何楷、章炳麟，以及郭沫若等人，從經傳典籍中考索，得出雅爲樂器之名，因以爲雅詩的命名是本於樂器的關係。但值得一問的是：雅作爲樂器之名，是否即等於當初命名雅詩之義？劉持生在〈風雅頌分類的時代意義〉一文中，對這一派的説法提出質疑，他説：

近人多以爲風雅頌的區別，應當溯源于所用的樂器。當然，特殊的樂器，是構成音樂特色的重要因素，但樂器僅只是得名的起源，人類的文明，在不斷的演進過程中，一切事物的名稱，也不斷地在改變其所代表的涵義。風雅頌三種詩，是當時歷史的產物，距離這三個名稱發生的起始，已不知經歷了多少年代，我們豈能狹隘地認爲某種詩就是某種樂器的詩，而不顧及其他的條件？〔註27〕

高亨於〈詩經引論〉中也説：

據甲骨文，南是一種樂器，略似後代的鈴（郭鼎堂先生《甲骨文字研究・釋南篇》）。又《周禮・春官・笙師》：「笙師教龡竽、笙、塤、籥、簫、篪、簧、管，舂牘應雅。」……可見雅又是樂器名。那麼「鼓鐘」詩與「文王世子」，所謂「雅」與「南」可以解做樂器，不一定是指二「雅」和二「南」。〔註28〕

高亨先分判南、雅作爲樂器之名，與二南二雅之名爲南、雅是不同的兩個層

〔註26〕郭沫若：〈釋南〉，《甲骨文字研究》，頁2～3。
〔註27〕劉持生：〈風雅頌分類的時代意義〉，《詩經論集》，頁252。
〔註28〕高亨：〈詩經引論〉，《詩經學論叢》，頁21。

面，南、雅可以解做樂器之名，但不一定是指二「南」或二「雅」。劉氏所論，更爲確當，一個名詞的內涵，不僅隨時代的演變而演變；即是在同一個時代中，也可能因各地使用的意義不同而有所差異。風雅頌的雅義，應注入歷史演變的相關條件，如必追溯本義以明雅義，恐更難得實義。且雅之本義並非樂器之名，《說文》云：「雅、楚烏也，一名鸒，一名卑，居秦謂之雅。」（卷上）如是，是否也要將雅頌之雅認爲是楚烏？章炳麟即從此處來推論，而認爲雅是秦聲烏鳥，〔註29〕這樣的說法，更難使人信服。

五、樂調說

認爲雅義乃因樂調的不同而命名者，自宋以來，即獲得多數學者的肯定，北宋李清臣云：

> 國風雅頌美刺之義，不甚相絕而分別若此，或曰：太師分之；或曰：孔子分之，是皆未爲知詩。夫詩者，古人樂曲，故可以歌，可以被之金石鐘鼓之節，其聲之曲折，其氣之高下，詩人作之之始，固以爲風，爲小雅，爲大雅，爲頌。風之聲不可以入雅，雅之聲不可以入頌，不待太師與孔子而後分也。大師知其聲，孔子知其義爾。亦猶今之樂曲，有小有大，聲之不同，而辭亦不相入，亦作者爲之，後來者所不能易也。〔註30〕

王質亦云：

> 雅，樂歌名也。雅有大雅，小雅，見于季子所觀，猶之可也。〔註31〕

〔註29〕章炳麟《國學略說》中曾云：「或謂雅即雅烏。孔子曰：『烏，盱呼也。』李斯〈諫逐客書〉：『擊甕叩缶，彈箏搏髀，而歌呼嗚嗚快耳者，眞秦之聲也。』楊惲〈報孫會宗書〉：『家本秦也，能爲秦聲，仰天撫缶而呼嗚嗚。』秦本周地，故大小雅皆以雅名。（所謂烏鳥秦聲者，即之梆子腔也。）……雅烏可爲雅之別一義，以其聲調言也。」《國學略說》，頁69～70。雅烏有烏鳥之聲，此爲必然；「雅音」也可能帶有烏鳥之聲的特點。但無法說只因爲雅音有烏鳥之聲的特點，就稱之爲雅；更無法說周秦之地的音樂帶有烏鳥之聲，便都是雅音，如是，何以秦風列入國風，而不列入雅詩之中？雅頌之雅，除可能帶有烏鳥之聲的特點之外，定然還有其他的條件存在。
〔註30〕引自朱彝尊《經義考》、卷八九、頁3。《經義考》載：「李清臣詩論二篇。」
〔註31〕王質：〈聞雅一〉，《詩總聞》，卷九。

程大昌於〈詩論〉中云：

> 蓋南雅頌，樂名也，若今之樂曲在某宮也。南有周召，頌有周魯商，本其所從得而還以繫其國土也，二雅獨無所繫，以其純當周世，無用標別也。〔註32〕

〈詩論四〉中又云：

> 南雅頌以所配之樂名，邶至豳以所從得之地名。〔註33〕

程大昌認為詩有南雅頌，而無國風，且不論國風有無的問題；可以肯定的是，程大昌從音樂的觀點來看雅義。鄭樵《六經奧論》亦云：

> 蓋小雅、大雅者，特隨其音而寫之律耳！律有小呂、大呂，則歌大雅、小雅，宜其有別也。〔註34〕

> 詩者，聲詩也，出於性情，古者三百篇之詩，皆可歌，歌則各從其國之聲。……召穆之〈民勞〉，衛武之〈賓之初筵〉，不附其國，而在二雅，皆以聲別也。〔註35〕

朱熹也從腔調之別來看雅義：

> 詩，古之樂也，亦如今之歌曲，音各不同，……若大雅、小雅，則亦如今之商調、宮調，作歌曲者，亦按其腔而作爾。〔註36〕

> 風雅頌乃是樂章之腔調，如言仲呂調，大石調，越調之類。〔註37〕

清惠周惕云：

> 風雅頌，以音別也。雅有小大，義不存乎小大也。……按〈樂記〉師乙曰，廣大而靜，疏遠而信者，宜歌大雅；恭儉而好禮者，宜歌小雅。季札觀樂，為之歌小雅，曰，美哉！思而不貳，怨而不言。為之歌大雅，曰，廣哉！熙熙乎！曲而有直體。據此則大小雅當以

〔註32〕程大昌：〈詩論一〉，《考古編》，卷一。
〔註33〕程大昌：〈詩論四〉，《考古編》，卷一
〔註34〕鄭樵：《六經奧論》，卷三。
〔註35〕鄭樵：《六經奧論》，卷三。
〔註36〕朱熹：《朱子語類》，卷八十。
〔註37〕朱熹：《朱子語類》，卷八十。

音樂別之，不以政之小大論也，如律有大小呂，詩有大小，明義不存乎小大也。〔註38〕

近人梁啓超云：

〈僞毛序〉云：「雅者，正也。」這個解釋大致不錯，……依我看，小大雅所合的音樂，當時謂之正聲，故名曰雅。《儀禮‧鄉飲酒禮》云：「工歌〈鹿鳴〉、〈四牡〉、〈皇皇者華〉；笙〈南陔〉、〈白華〉、〈華黍〉；乃間歌〈魚麗〉，笙〈由庚〉；歌〈南有嘉魚〉，笙〈崇丘〉；歌〈南山有臺〉，笙〈由儀〉，……工告於樂正曰「正樂備」……。」《左傳》說：「歌〈彤弓〉之三，歌〈鹿鳴〉之三。」凡此所歌，皆大小雅之篇。說「正樂備」，可見這是公認的正聲了。〔註39〕

顧頡剛於〈論詩經所錄全爲樂歌〉中亦有類似的看法，其言云：

看〈大雅‧崧高篇〉說「吉甫作誦，其詩孔碩，其風肆好」，又看《左傳》成九年說鍾儀「操南音」，范文子說他「樂操土風」，則風字的意義似乎就是「聲調」。聲調不僅諸國之樂所具，雅頌也是有的。〔註40〕

以上諸家咸認爲雅義源自音樂的關係，但是李、程、朱等人，只言看法，卻沒有佐證以資爲據。鄭樵欲以內證立論，其言云：「召穆之〈民勞〉，衛武之〈賓之初筵〉，不附其國，而在二雅，皆以聲別也。」然而考之詩文，並無召穆，衛武之語，鄭樵所言，是承襲詩序的觀點。〈賓之初筵〉詩序云：「衛武公刺時也。幽王荒廢，媟近小人，飲酒無度，天下化之。君臣上下，沈緬淫液，武公既入，而作是詩也。」〈民勞〉詩序云：「召穆公刺屬王也。」揆諸詩文，皆未能相合，是鄭樵所舉的例證，並不恰當。王質、惠周惕、梁啓超與顧頡剛等人，則分別從經傳詩辭中尋得證據如下：

（一）季札觀樂時已云：「爲之歌小雅，……爲之歌大雅。」

（二）〈樂記〉師乙云：「廣大而靜，疏遠而信者，宜歌大雅；恭儉而好禮者，宜歌小雅。」

（三）《儀禮‧鄉飲酒禮》云：「工歌〈鹿鳴〉、〈四牡〉、〈皇皇者華〉；笙

〔註38〕 惠周惕：《詩說》，卷上。
〔註39〕 梁啓超：〈釋四詩〉，《中國之美文及其歷史》，頁 95。
〔註40〕 顧頡剛：〈論詩經所錄全爲樂歌〉，《古史辨》，頁 645～646。

〈南陔〉、〈白華〉、〈華黍〉；……工告於樂正曰『正樂備』。」

(四)《左傳》襄公四年云：「工歌〈文王〉之三，……歌〈鹿鳴〉之三。」

(五)〈大雅・崧高篇〉云：「吉甫作頌，其詩孔碩，其風肆好。」又《左傳》成公九年說鍾儀「操南音」，范文子說他「樂操土風」，則風字似乎就是聲調，以此推論，聲調也是雅頌所具。

又《論語・子罕》子曰：「吾自衛反魯。然後樂正，雅頌各得其所。」云「正樂」，而後「雅頌各得其所」，則知雅義當以樂調為論，而非他義。

知雅義源自音樂的分別後，進一步要問的是，何以將其名之曰雅？劉台拱《論語駢枝》解釋「子所雅言」的「雅」字下云：

> 案雅言，正名也。鄭注謂正言其音者得之。……詩之有風雅也，亦然，王都之音最正，故以雅名。……雅之為言夏也，孫卿〈榮辱篇〉云：「越人安越，楚人安楚，君子安雅。」……又〈儒效篇〉云：「居楚而楚，居越而越，居夏而夏。」……然則雅夏古字通。〔註41〕

清王引之在解釋荀子〈榮辱篇〉的「君子安雅」條也說：

> 雅讀為夏，夏謂中國也，故與楚、越對文。〈儒效篇〉：「居楚而楚，居越而越，居夏而夏。」是其證。古者夏雅二字互通、故左傳齊大夫子雅，韓子〈外儲說右篇〉作子夏。〔註42〕

章炳麟的〈大疋小疋說下〉亦云：

> 疋之為足跡；聲近雅，故為烏烏；聲近夏，故為夏聲。〔註43〕

梁啟超〈釋雅〉一文中除引用荀子〈榮辱篇〉與〈儒效篇〉為證之外，又云：

> 荀氏申鑒左氏〈三都賦〉皆云「音有楚夏」，說的是音有楚音夏音之別。然則風雅之「雅」，其本字當作「夏」無疑。《說文》「夏，中國之人也」，雅音即夏音，猶言中原正聲云爾。〔註44〕

雅與夏通，屈萬里先生更舉出顯著的例子：

〔註41〕劉台拱：《論語駢枝》，卷一。

〔註42〕引自王念孫《讀書雜志》，《荀子雜志・君子安雅》，卷一。

〔註43〕章炳麟：〈文錄〉，《章氏叢書》，卷一。

〔註44〕梁啟超：〈釋四詩〉，《中國之美文及其歷史》，頁96。

墨子……〈天志下〉引述〈大雅‧皇矣篇〉「帝謂文王」至「順帝之則」六句，謂之大夏。可知大雅亦作大夏。這比荀子的證據就更直接了。

《尚書‧立政篇》，在數說商紂的罪惡之後，接著說「帝欽罰之，乃伻我有夏，式商受命，奄甸萬姓。」這段話出自周公之口。「我有夏」無可疑地是周公自稱他的國家。吳汝綸的《尚書故》說：「有夏，謂周也。岐周在西。《左傳》陳公子少西，字子夏；鄭公孫夏，字子西。是古以西方為夏矣。」由於吳氏這一說的啟示，於是《尚書》〈康誥篇〉的「區夏」和〈君奭篇〉的「有夏」，也都可以得到正確的解釋。……有夏是指周說，自無疑義。〈康誥〉中的「區夏」，既由文王肇造，又冠以我字，自然也指周說。〔註45〕

然則周人何以自稱其地為「夏」？屈萬里先生從經史及近世出土的資料考索得知，是由於夏代的關係（參《屈萬里先生文存‧說詩經之雅》），西周都於豐、鎬，正是夏的故地，所以稱這一區域為「夏」；夏與雅，古通用，因此，用這一地帶的樂調歌奏的詩篇，便稱做雅詩，而王朝的一切，又都是方國的準則，於是雅樂就成為正聲，與地方樂調的風詩，有所區別。後人訓雅為正，於雅義猶可相通，究竟不是雅的實義。至於由正再推衍為政，則是曲予附會。

第三節　頌義的考索與正解

頌義的問題，不若雅義來得紛歧，但是仍有幾種不同的說法，如政教說、舞容說、樂器說、樂調說等，試一一論析於後。

一、政教說

〈詩大序〉云：

頌者，美盛德之形容，以其成功告于神明者也。

鄭玄《詩譜》云：

頌之言容，天子之德，光被四表，格於上下，無不覆燾，無不持載。

〔註45〕屈萬里：〈說詩經之雅〉，《屈萬里先生文存》，頁184～185。

又於《周禮》註中云：

> 頌之言誦也，容也，誦今之德，廣以美之。

孔穎達的《正義》，從鄭玄的解說。〈詩大序〉乃是就詩的內容釋頌義，尚無明顯的政教意味，但是到鄭玄、孔穎達的註釋中，已將頌義趨於窄化，強調「天子之德」，澤被天下，故美而形容之，美而誦之，而謂之曰「頌」。

爾後宋之鄭樵、朱熹等人，則又將鄭玄、孔穎達之頌義趨往政教發展的詮釋，拉回〈詩大序〉原有的較為平實的內容範圍，鄭樵云：

> 頌者，初無諷誦，惟以鋪張勳德而已，其辭嚴，其聲有節，不敢瑣語褻言，以示有所尊，故曰頌。〔註46〕

朱熹云：

> 頌者，宗廟之樂歌，大序所謂「美盛德之形容，以其成功告於神明者也。」蓋頌與容古字通用，故序以此言之。〔註47〕

鄭、朱二人對頌義的解釋，可以看出是沿襲〈詩大序〉而來。其中宜注意的是鄭、朱釋頌中，已涉及音樂的關係，鄭樵云「其聲有所節」，朱熹云「頌者，宗廟之樂歌」，以音樂的區別作為風雅頌三者命名的原因，是我們在釋雅中所贊成的看法，這點容後論述。

二、舞容說

以舞容釋頌的源起，恐也要追溯到〈詩大序〉所云：「頌者，美盛德之形容」，應由這句話推擴而來。「舞容說」一般所熟知的，即是阮元《揅經室集》〈釋頌〉中的解釋，其言云：

> 頌字即容字，故《說文》：「頌，皃也。從頁，公聲。籀文作額。」是容即頌。……容、養、羕、一聲之轉，古籍每多通借，今世俗傳之樣字，始于唐韻，即容字轉聲所借之羕子。……所謂商頌、周頌、魯頌者，若曰商之樣子，周之樣子，魯之樣子而已，無深意也。何以三頌有樣，而風雅無樣也？風雅但弦歌笙閒，賓主及歌者，皆不

〔註46〕鄭樵：《六經奧論》，卷三。
〔註47〕朱熹：《詩集傳》，卷十九。

必因此而爲舞容,惟三頌各章皆是舞容,故稱爲頌,若元以後戲曲,歌者、舞者與樂器全動作也。風、雅則但若南宋之歌詞彈詞而已,不必鼓舞以應鏘鏗之節也。〔註48〕

梁啓超於《中國之美文及其歷史》〈釋頌〉一文中也提出同樣的看法,並加以引證立論,其言云:

〈僞毛序〉說:「頌者,美盛德之形容。」這話大致是對的,可惜沒有引申發明。《說文》:「頌,皃也。从頁,公聲。籀文作額。」皃即面貌,頁人面也,故从之。這個字本來讀作「容」,《漢書・儒林傳》「魯徐生善爲頌」,蘇林注:「頌貌威儀」,顏師古注:「頌讀與容同」,可見頌即容之本字,指容貌威儀言。

然則周頌、商頌、魯頌等詩何故名爲頌呢?依我看,南雅皆唯歌,頌則以歌而兼舞,〈樂記〉說:「舞,動其容也。」舞之所重在「頌皃威儀」,這一類詩舉其所重者以爲專名,所以叫做「頌」。〔註49〕

何以見得這類詩均是舞詩?梁氏以《禮記・內則》:「十三舞勺,成童舞象」,與《禮記・文王世子》:「登歌清廟,下管象」的鄭注,《禮記・郊特牲》云:「朱干設錫冕而舞大武」,〈明堂位〉云:「朱干玉戚冕而舞大武」等例證爲據,而下結論說:「可見三頌之詩,都是古代跳舞的音樂。」〔註50〕梁氏的結論,最後仍以音樂爲其分類的標準,但是頌詩的特色即在於有「舞容」,南、雅則無。

對於舞容說,王國維則持反對的意見,他認爲:

三周各章皆是舞容,則恐不然。周頌三十一篇,惟〈維清〉爲「象舞」之詩,〈昊天有成命〉、〈武〉、〈酌〉、〈桓〉、〈賚〉、〈般〉爲「武舞」之詩,其餘二十四篇爲舞詩與否,均無確證。至〈清廟〉爲升歌之詩,〈時邁〉爲金奏之詩(據《周禮》鐘師注引呂敘玉說,則〈執競〉、〈思文〉亦金奏之詩),尤可證其非舞曲。〔註51〕

胡念貽也懷疑舞容說的眞實性,其言云:

〔註48〕阮元:《揅經室集》,卷一。
〔註49〕梁啓超:〈釋四詩〉,《中國之美文及其歷史》,頁96。
〔註50〕梁啓超:《中國之美文及其歷史》,頁97。
〔註51〕王國維:〈說周頌〉,《觀堂集林》,卷二。

斷定頌詩都是舞曲有困難。周頌各篇都是那樣短，有的短到只有十幾個字，並且又不分章，很不像舞曲。季札觀樂時，也是「爲之歌頌」，沒有說舞頌，恐怕是樂歌而非舞詩。〔註52〕

胡念貽認爲周頌詩文簡短，又不分章，「很不像舞曲」，屬推測之辭，尚且不論；謂「季札觀樂時，也是『爲之歌頌』，沒有說舞頌。」卻是一項有力的論證。因此以舞容之說來斷定頌詩，是有困難的。

三、樂器說

主頌之名乃因樂器的因素者，有張西堂、周策縱等人，張西堂於《詩經六論》〈說頌〉中說：

> 依我看來，頌的得名，應當也如南雅一樣，是由於樂器。這個樂器應當是「鏞」，就是所謂大鐘，宗教儀式是用鐘的，在古代的跳舞也有用鐘的。〔註53〕

張氏據〈皋陶謨〉「笙鏞以聞」，《周禮・眡瞭》與《儀禮・大射禮》「頌磬」的鄭注，得知「頌」古文爲庸，即鏞字，亦即鐘的異名。又據《詩・大雅・靈臺篇》「賁鼓維鏞」，商頌〈那篇〉「庸鼓有斁」的話，以及後世宗教儀式用鐘爲樂章之事，斷定頌之得名，是由於樂器名鏞的緣故。〔註54〕

周策縱從文字上加以分析，他認爲頌字從公，公字的甲骨文不從厶，而從方形的 ⼞ 或 ⼞，金文則或作 ⼝ 或作 ⼝，文字的造義，周氏採用朱芳圃《殷周文字釋叢》之說：「⼝象侈口深腹圓底之器，當爲瓮之初文。《說文》瓦部：『瓮，大罌也。』……一作甕，……隸變爲甕。」又據《史記・李斯列傳》載〈諫逐客書〉說：「擊甕叩缶，彈箏搏髀，而歌呼嗚嗚。」之語，而認爲：

> 甕即是容量器的瓮字，其初文即公。所謂「擊甕」，當然就是「擊瓮」，也就是「擊公」。這裡可見它也可用來當作樂器。
>
> 基於許多容量器（包括瓮）轉變成樂器這一事實，我認爲頌字的製

〔註52〕 胡念貽：〈關於風雅頌的問題〉，《詩經學論叢》，頁 226。
〔註53〕 張西堂：《詩經六論》，頁 113。
〔註54〕 詳見《詩經六論》，頁 24～25。

作，正是由於用容量器的「公」來歌舞的結果。〔註55〕

張西堂的四條證據，第一是從文字通假上來看，古字頌鏞通用。這點並無法證明頌的命名即源自樂器，因為追索出頌字的造字本義，與探討頌詩的頌義，是兩條不一定等同的路線。周策縱先生檢別典籍，得出頌字所從的「公」字，可通瓮，又可通甕，公、瓮、甕，都是容器，可作為樂器，就此以論頌義應源自樂器。這樣的思考角度，在討論雅義中的樂器說裡，我們已經申明：對於風雅頌三者的命名原因，應顧及其他的歷史條件，「意義」的追索，需要放在歷史條件的脈絡，或各種表達的情況裡加以衡量，這一點是需要再重加說明的。

張氏的第二、三、四條論證，是從大雅、商頌，與後世的宗教儀式皆有用鍾作為論證。這點可以考察《詩經》其他記載鍾、鏞、庸的篇章，就極易尋得反證，茲列附表於後：

詩　　文	風雅頌	篇　名	備　　註
鍾鼓樂之	周南	〈關雎〉	據嘉慶二十年重刊宋本《毛詩》
子有鍾鼓	唐風	〈山有樞〉	
鼓鍾將將	小雅	〈鼓鍾〉	
鼓鍾喈喈	小雅	〈鼓鍾〉	
鼓鍾伐鼛	小雅	〈鼓鍾〉	
鼓鍾欽欽	小雅	〈鼓鍾〉	
鍾鼓既戒	小雅	〈楚茨〉	
鼓鍾送尸	小雅	〈楚茨〉	
鍾鼓既設	小雅	〈賓之初筵〉	
鼓鍾于宮	小雅	〈白華〉	
於論鼓鍾	大雅	〈靈臺〉	
鐘鼓既設	小雅	〈彤弓〉	
鐘鼓喤喤	周頌	〈執競〉	
賁鼓維鏞	大雅	〈靈臺〉	
庸鼓有斁	商頌	〈那〉	

由上表可知，鍾（或鐘、鏞、庸）並不限用於頌詩，風雅諸詩亦有；也不限用於宗教儀式之中，因婚禮燕饗之節亦用鍾。即使如阮元所云：「鍾磬，分笙

〔註55〕周策縱：《古巫醫與六詩考》，頁 271～272。

鐘笙磬，頌鐘頌磬者，笙在東方，專應風雅之歌；頌在西方，專應夏頌之舞也。」〔註56〕即使應風雅與頌之鍾磬有別，也無法圓滿地說明何以獨頌以鍾爲名，而風雅之名別取其他樂器？所以以樂器爲頌之名的看法，實有難以圓融之處。

四、樂調說

王國維認爲頌義的命名，應源於聲緩之故，其言云：

〈毛詩序〉云：「頌者，美盛德之形容，其成功告於神明者也。」盛德之形容，以貌表之可也，以聲表之亦可也。竊謂風雅頌之別，當於聲求之。頌之所以異於風雅者，雖不可得而知，今就其著者言之，則頌之聲較風雅爲緩也。何以證之？曰，風雅有韻而頌多無韻也。凡樂詩之所以用韻者，以同部之音，間時而作，足以娛人耳也。故其聲促者，韻之感人也深；其聲緩者，韻之感人也淺。韻之娛耳，其相去不能越十言或十五言，若越十五言以上，則有韻與無韻同。……然則風雅所以有韻者，其聲促也；頌之所以多無韻者，其聲緩而失韻之用，故不用韻，此一證也。其所以不分章者亦然。風雅皆分章，且後章句法多疊前章，其所以相疊者，亦以相同之音，間時而作，足以娛人耳也。若聲過緩，則雖前後相疊，聽之亦與不疊同。頌之所以不分章，不疊句者，當以此，此二證也。頌如〈清廟〉之篇，不過八句，不獨視〈鹿鳴〉、〈文王〉，長短迥殊，即比〈關雎〉、〈鵲巢〉，亦復簡短，此亦當由聲緩之故，此三證也。……又〈大射儀〉，自奏肆夏以至樂闋，中間容賓升，……主人答拜，凡三十四節，爲公奏肆夏時亦然。肆夏一詩不過八句，而自始奏以至樂闋，所容禮文之繁如此，則聲緩可知，此四證也。然則頌之所以異於風雅者，在聲而不在容，則其所以美盛德之形容者，亦在聲而不在容可知。〔註57〕

王國維舉出四個理由：第一、頌詩多無韻；第二、頌不分章；第三、篇章簡短；第四、《儀禮》中所稱奏一首頌詩的時間很長。這些現象，王國維都認爲是頌詩「聲緩」之故。

〔註56〕阮元：《揅經室集》，卷一。
〔註57〕王國維：〈說周頌〉，《觀堂集林》，卷二。

　　傅斯年先生不贊成王國維的說法，而認為周頌的不分章和篇章簡短，是因西周亡後，典籍散失，導致頌詩殘缺之故。傅氏所持的理由有三：（一）〈左傳〉宣公十二年楚莊王引〈武〉有卒章、三章、六章之說。（二）周頌各章文義，都像不完整，如〈閔予小子〉、〈訪落〉、〈敬之〉、〈小毖〉及〈烈文〉合起來才像一事，才與〈顧命〉的情節相合。（三）魯頌、商頌雖然有演變，然究竟應該是繼續周頌者，果然魯頌、商頌皆是長篇，如果弄亂了次序，也如所見周頌的面目。〔註58〕傅氏所持的理由，胡念貽認為有諸多的疑點：

> 他（按：指傅氏）的第一條理由和他自己的持論矛盾。傅氏認為周頌只有周室自己保存，諸國無有，故西周亡後，頌詩殘缺，無法恢復。但此處卻認定楚莊王所引為本來面目。楚國既然能有，中原諸國為什麼不能有？為什麼竟讓他殘缺下去？為什麼孔子正樂時也不加以校正？第二條說周頌各篇文義不完全，這是臆說。周頌各篇俱在，每篇意思並非不完整。關於第三條，傅斯年說：「魯頌有摹周頌處，商頌更有摹魯頌處。」因此魯頌、商頌是周頌的繼續，這也是似是而非。周頌、魯頌、商頌都是祭祀宗廟，如果從內容上來說，當然有相同之處。但是從形式來說，它們有區別，看不出誰摹誰。……

> 傅斯年相信阮元頌為舞曲之說，他也明白周頌篇章太短，不分章節，很不像舞曲，所以企圖用上述那些理由來解釋篇章短和不分章節的原因。然而他在沒有任何根據的情況下把周頌都說成斷簡殘篇，……這是無法令人相信的。〔註59〕

胡氏對傅斯年先生提出的質疑反證，是可以接受的論點。由於古樂的失落，原來的真實面目今已不復可考，但是王國維聲緩的說法，在諸家的論議中，最為合理；再者，季札觀樂時也說「為之歌頌」，以頌為樂歌，而非舞詩。頌詩的部分篇章，可能有舞容，但以為全部的頌詩皆具舞容，恐非事實；又以政教說、樂器說釋頌，都是未能顧及全面的看法，故本文擇從樂調說以釋頌義。

〔註58〕詳見《傅斯年全集》，第一冊，頁207～208。
〔註59〕胡念貽：〈關於風雅頌的問題〉，《詩經學論叢》，頁226～227。

主要參考書目

壹、專　著

一、

1. 〔漢〕孔安國傳，〔唐〕孔穎達疏，《尚書正義》，藝文印書館十三經注疏本。

2. 〔漢〕許慎撰，〔漢〕鄭玄駁，《駁五經異義》，商務印書館叢書集成簡編本。

3. 〔漢〕趙岐注，〔宋〕孫奭疏，《孟子正義》，藝文印書館十三經注疏本。

4. 〔漢〕鄭玄注，〔唐〕孔穎達疏，《禮記正義》，藝文印書館十三經注疏本。

5. 〔漢〕鄭玄注，〔唐〕賈公彥疏，《周禮注疏》，藝文印書館十三經注疏本。

6. 〔漢〕鄭玄注，〔唐〕賈公彥疏，《儀禮注疏》，藝文印書館十三經注疏本。

7. 〔魏〕王弼，〔晉〕韓康伯注，唐孔穎達疏，《周易正義》，藝文印書館十三經注疏本。

8. 〔魏〕何晏注，〔宋〕邢昺疏，《論語正義》，藝文印書館十三經注疏本。

9. 〔晉〕杜預注，〔唐〕孔穎達疏，《春秋左傳正義》，藝文印書館十三經注疏本。

10. 〔宋〕朱熹，《四書集注》，學海出版社。

11. 〔宋〕蔡沈，《書集傳》，漢京文化公司。

12. 〔宋〕鄭樵，《六經奧論》，漢京文化公司通志堂經解本。

13. 〔清〕王引之，《經義述聞》，廣文書局。

14. 〔清〕皮錫瑞，《經學通論》，商務印書館。

15. 〔清〕朱彝尊,《經義考》,中華書局四部備要本。

16. 〔清〕阮元,《揅經室集》,世界書局。

17. 〔清〕劉台拱,《論語駢枝》,廣雅書局。

18. 吳璵,《尚書讀本》,三民書局。

19. 屈萬里,《尚書釋義》,中國文化大學出版部。

20. 高師仲華,《禮學新探》,學生書局。

21. 程發軔,《春秋左氏傳地名圖考》,廣文書局。

22. 熊十力,《讀經示要》,廣文書局。

二、

1. 〔漢〕毛亨傳,〔漢〕鄭玄箋,〔唐〕孔穎達疏,《毛詩正義》,藝文印書館十三經注疏本。

2. 〔宋〕王柏,《詩疑》,漢京文化公司通志經解本。

3. 〔宋〕王質,《詩總聞》,商務印書館四庫全書本。

4. 〔宋〕朱熹,《詩集傳》,藝文印書館。

5. 〔宋〕朱熹,《詩經集註》,華正書局。

6. 〔宋〕呂祖謙,《呂氏家塾讀詩記》,商務印書館四部叢刊續編本。

7. 〔宋〕程大昌,《考古編》,商務印書館叢書集成初編本。

8. 〔宋〕嚴粲,《詩緝》,廣文書局。

9. 〔宋〕蘇轍,《詩集傳》,商務印書館四庫全書本。

10. 〔明〕何楷,《詩經世本古義》,商務印書館四庫全書本。

11. 〔清〕方玉潤,《詩經原始》,藝文印書館。

12. 〔清〕皮錫瑞,《詩經通論》,河洛圖書出版社。

13. 〔清〕姚際恒,《詩經通論》,廣文書局。

14. 〔清〕胡承珙,《毛詩後箋》,藝文印書館續皇清經解本。

15. 〔清〕馬瑞辰,《毛詩傳箋通釋》,藝文印書館續皇清經解本。

16. 〔清〕崔述,《讀風偶識》,學海出版社。

17. 〔清〕陳奐,《詩毛氏傳疏》,藝文印書館續皇清經解本。

18. 〔清〕陳啟源,《毛詩稽古編》,藝文印書館皇清經解本。

19. 〔清〕惠周惕,《詩說》,藝文印書館皇清經解本。

20. 文幸福,《詩經周南召南發微》,學海出版社。

21. 王師靜芝,《詩經通釋》,輔仁大學文學院叢書。

22. 任遵時，《詩經地理考》，影印本。

23. 朱守亮，《詩經評釋》，學生書局。

24. 朱東潤，《詩三百篇探故》，漢京文化公司。

25. 江磯編，《詩經學論叢》，崧高書社。

26. 何定生，《詩經今論》，商務印書館。

27. 周策縱，《古巫醫與六詩考》，聯經出版公司。

28. 周滿江，《詩經》，上海古籍出版社。

29. 屈萬里，《詩經詮釋》，聯經出版公司。

30. 林慶彰編，《詩經研究論集》（一）、（二），學生書局。

31. 金公亮，《詩經學導讀》，河洛圖書出版社。

32. 胡樸安，《詩經學》，商務印書館。

33. 孫作雲，《詩經與周代社會研究》，北京中華書局。

34. 高亨，《詩經今注》，漢京文化公司。

35. 高亨等，《詩經論集》。

36. 張西堂，《詩經六論》，上海商務印書館。

37. 黃振民，《詩經研究》，正中書局。

38. 袁愈嫈，唐莫堯，《詩經新譯注》，木鐸出版社。

39. 熊公哲等，《詩經研究論集》，黎明文化公司。

40. 裴普賢，《詩經研讀指導》，東大圖書公司。

41. 蔣善國，《三百篇演論》，商務印書館。

42. 謝无量，《詩經研究》，商務印書館。

43. 顧頡剛等，《古史辨》（第三冊），藍燈文化公司

44. 〔日〕白川靜，《詩經研究》，幼獅文化公司。

45. 〔日〕竹添光鴻，《毛詩會箋》，大通書局。

46. 〔瑞典〕高本漢，《詩經注釋》，國立編譯館。

三、

1. 〔周〕左丘明，《國語》，漢京文化公司。

2. 〔漢〕司馬遷，《史記》，藝文印書館。

3. 〔漢〕班固，《漢書》，藝文印書館。

4. 〔漢〕劉向，《列女傳》，中華書局四部備要本。

5. 〔晉〕孔晁註，《汲冢周書》，商務印書館四部叢刊初編本。

6. 〔劉宋〕范曄，《後漢書》，藝文印書館。

7.　〔清〕皮錫瑞，《經學歷史》，漢京文化公司。

8.　〔清〕崔述，《豐鎬考信錄》，商務印書館叢書集成初編本。

9.　余英時，《中國知識階層史論》，聯經出版公司。

10.　李宗侗，《中國古代社會史》，華岡出版公司。

11.　李澤厚，《中國古代思想史論》，漢京文化公司。

12.　杜正勝，《周代城邦》，聯經出版公司。

13.　杜正勝編，《中國上古史論文選集》，華世出版社。

14.　屈萬里，《先秦文史資料考辨》，聯經出版公司。

15.　柳詒徵，《中國文化史》，正中書局。

16.　韋政通，《中國思想史》，大林出版社。

17.　韋政通編，《中國思想史方法論文選集》，大林出版社。

18.　徐復觀，《中國人性論史》，商務印書館。

19.　徐復觀，《中國思想史論集》，學生書局。

20.　徐復觀，《中國思想史論集續編》，時報文化出版公司。

21.　徐復觀，《中國經學史的基礎》，學生書局。

22.　徐復觀，《兩漢思想史》（卷一），學生書局。

23.　張光直，《中國青銅時代》，聯經出版公司。

24.　張蔭麟，《中國上古史綱》，里仁書局。

25.　梁啟超，《中國之美文及其歷史》，中華書局。

26.　許倬雲，《求古編》，聯經出版公司。

27.　許倬雲等，《中國上古史──待定稿》（第三、四本），中央研究院歷史語言研究所。

28.　許倬雲，《西周史》，聯經出版公司。

29.　郭沫若，《青銅時代》，《郭沫若全集》歷史編第一卷，北京文化出版社。

30.　陸侃如，《中國詩史》，山東大學出版社。

31.　勞思光，《中國哲學史》，三民書局。

32.　湯承業，《中國政治制度史》，黎明文化公司。

33.　葉師慶炳，《中國文學史》，學生書局。

34.　劉大杰，《中國文學發達史》，中華書局。

35.　潘英，《中國上古史新探》，明文書局。

36.　蕭公權，《中國政治思想史》，中國文化大學出版部。

37.　錢穆，《國史大綱》，商務印書館。

38.　薩孟武，《中國政治思想史》，三民書局。

四、

1. 〔周〕莊子著，〔清〕郭慶藩輯，《莊子集釋》，漢京文化公司。
2. 〔周〕荀子著，〔唐〕楊倞注，《荀子》，中華書局四部備要本。
3. 〔宋〕程顥、程頤，《二程遺書》，中華書局四部備要本。
4. 〔宋〕朱熹，《朱子語類》，文津出版社。
5. 朱天順，《中國古代宗教初探》，谷風出版社。
6. 牟宗三，《中國哲學的特質》，學生書局。
7. 牟宗三，《政道與治道》，學生書局。
8. 牟宗三，《道德的理想主義》，學生書局。
9. 牟宗三，《歷史哲學》，學生書局。
10. 李杜，《中西哲學思想中的天道與上帝》，聯經出版公司。
11. 杜而未，《中國古代宗教研究》，學生書局。
12. 胡秋原，《古代文化與中國知識份子》，學術出版社。
13. 韋政通，《中國哲學思想批判》，水牛出版社。
14. 唐君毅，《中國哲學原論》（導論篇），學生書局。
15. 徐復觀，《學術與政治之間》，學生書局。
16. 徐復觀等，《知識份子與中國》，時報出版公司。
17. 傅佩榮，《儒道天論發微》，學生書局。
18. 黃俊傑，《春秋戰國時代尚賢政治的理論與實際》，問學出版社。
19. 楊慧傑，《仁的涵義與仁的哲學》，牧童出版社。
20. 楊慧傑，《天人關係論》，大林出版社。
21. 〔日〕宇野精一，《中國思想》（一），幼獅文化公司。

五、

1. 〔唐〕白居易，《白氏長慶集》，商務印書館四部叢刊初編本。
2. 〔清〕王念孫，《讀書雜志》，廣文書局。
3. 〔清〕紀昀等，《四庫全書總目提要》，藝文印書館。
4. 王國維，《觀堂集林》，河洛圖書出版社。
5. 何定生，《定生論學集》，幼獅文化公司。
6. 周師一田等，《國學導讀叢編》，康橋出版事業公司。
7. 屈萬里，《古籍導讀》，開明書店。
8. 屈萬里，《屈萬里先生文存》（第一冊），聯經出版公司。
9. 屈萬里，《書傭論學集》，聯經出版公司。

10. 張心澂，《傷書通考》，宏業出版社。

11. 章太炎，《國學略説》，河洛圖書出版社。

12. 章太炎，《檢論》，廣文書局。

13. 傅斯年，《傅斯年全集》（第一、二、三冊），聯經出版公司。

六、

1. 〔漢〕許慎撰，〔清〕段玉裁注，《説文解字注》，藝文印書館。

2. 〔清〕劉體智，《小校經閣金石文字》引得本一，大通書局。

3. 上海物館編：《上海博物館青銅器》，上海人民美術出版社。

4. 李孝定，《甲骨文字集釋》，中央研究院歷史語言研究所。

5. 周法高等，《金文詁林》，香港中文大學出版。

6. 胡厚宣，《甲骨商學史論叢初集》，大通書局。

7. 郭沫若，《甲骨文字研究》，上海大東書局。

8. 郭沫若，《兩周金文辭大系考釋》《郭沫若全集》，考古編第八卷，科學出版社。

9. 陳夢家，《殷虛卜辭綜述》，考古學專刊甲種第二號，中華書局。

10. 黃公渚，《周秦金石文選評註》，商務印書館。

11. 楊樹達，《積微居小學述林》，中華書局。

12. 趙英山，《古青銅器銘文研究》，商務印書館。

13. 羅振玉，《三代吉金文存》，洪氏出版社。

14. 〔日〕島邦男編，《殷墟卜辭綜類》，大通書局。

貳、期刊論文

1. 王師熙元，〈詩經的憂患意識〉，《中國學術年刊》第七期。

2. 王鴻圖，〈詩經與西周建國〉，《孔孟學報》第二五期。

3. 田倩君，〈從帝、天二字探討中國文化之起源〉，《人文學報》第一期。

4. 任卓宣，〈從詩經論道統〉，《國魂》三〇三期。

5. 何敬群，〈詩在周代應用之分析〉，《民主評論》十三卷六期。

6. 吳萬居，〈詩經中「天」的觀念之一考察〉，《孔孟月刊》二四卷一期。

7. 吳萬居，〈詩經裡之異常誕生神話與傳説〉，《孔孟月刊》二三卷七期。

8. 杜松柏，〈從詩經看周初的政治活動〉，《中興評論》十三卷三期。

9. 林耀潾，〈由詩經之內容論詩教〉，《孔孟學報》第四九期。

10. 林耀潾，〈孟子之詩教〉，《中華文化復興月刊》十八卷九期。

11. 林耀潾，〈詩教「溫柔敦厚而不愚」述義〉，《中華文化復興月刊》十八卷二期。

12. 高葆光，〈從詩經觀察周代社會的主要情形〉，《東海學報》四卷一期。

13. 張桂光，〈殷周「帝」、「天」觀念考索〉，《華南師範大學學報》一九八四年第二期。

14. 盛廣智，〈論西周春秋之際貴族的政治批判詩〉，《東北師範大學學報》一九八四年第二期。

15. 陳師伯元，〈詩經的憂患意識進一解〉，《中國學術年刊》第七期。

16. 陳榮照，〈詩經中有關周代政治史料之探討〉，《新社學報》第二期。

17. 劉兆祐，〈兩千年來詩經研究的回顧〉，《幼獅學誌》十七卷四期。

18. 劉秋潮，〈從小大雅看上古時代的言論自由〉，《民主評論》九卷九期。

19. 劉寶才，〈周易筮辭的德治論和發展觀〉，《人文雜誌》一九八二年第五期。

20. 黎建球，〈詩經與書經中的帝與天〉，《哲學論集》第五期。

21. 錢穆，〈讀詩經〉，新亞學報五卷一期。

22. 羅光，〈書經詩經的哲學思想〉，《哲學論集》第三期。

23. 饒宗頤，〈天神觀與道德思想〉，《中央研究院歷史語言研究所集刊》四十九本第一分。

24. 饒宗頤，〈神道思想與理性主義〉，《中央研究院歷史語言研究所集刊》四十九本第三分。

參、學位論文

1. 余培林，《群經引詩考》，師大國文研究所五十二年碩士論文。

2. 李再薰，《朱子詩經學要義通證》，臺大中文研究所七十一年碩士論文。

3. 林惠勝，《朱呂詩序說比較研究》，臺大中文研究所七十二年碩士論文。

4. 葉達雄，《詩經史料分析》，臺大歷史研究所六十年碩士論文。